大数据时代的统计学思维

让你从众多数据中找到真相

刘强 编著

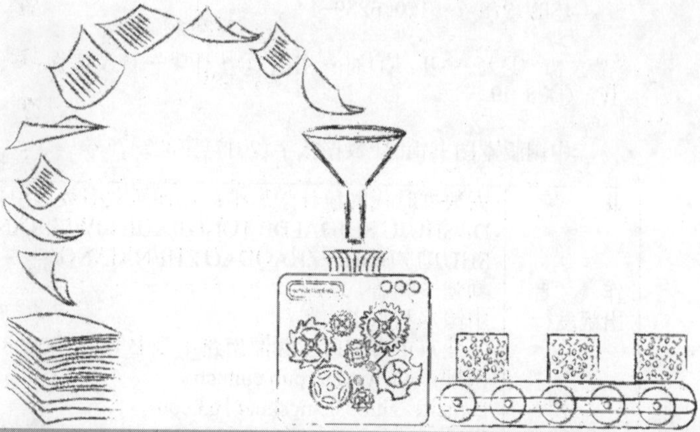

中国水利水电出版社
www.waterpub.com.cn
·北京·

内 容 提 要

大数据时代，对数据进行统计、分析和学习变得尤为重要，并被应用在各方各面，如无人驾驶汽车、AlphaGo、机器学习和人工智能等，而统计思维也成为大数据时代的基本思维。不仅这些高科技以统计学为基础理论，大数据时代的每个人都应该懂点统计学，学会读懂并分析数据，学会让数据说话，让数据为自己服务。《大数据时代的统计学思维：让你从众多数据中找到真相》就是大数据时代统计学思维的科普书籍，全书共10章，第1章用几个有趣好玩的例子引导读者进入统计学的世界，并调动读者学习统计学的兴趣。第2~10章结合生活和工作中的例子全面介绍统计学原理和方法，涵盖统计学中的数据收集、数据处理和统计推断等内容，既有抽样调查、概率、相关性分析、回归分析等实用统计方法，也有大数定律和中心极限定理等基本统计学原理。用实例引导理论，通俗易懂，不知不觉中将统计思想和统计学知识传输给读者。

《大数据时代的统计学思维：让你从众多数据中找到真相》在科普统计学方法和原理的同时，又保持了实用性和趣味性，确保读者能有所收获，感受统计学在大数据时代的魅力。

《大数据时代的统计学思维：让你从众多数据中找到真相》是一本统计学和统计思维科普书籍，适合统计学入门读者、对大数据感兴趣的读者以及任何想学习统计方法的读者学习和参考，也适合大数据时代下每一位不想与时代脱节、想从众多数据中获取真相的读者学习。

图书在版编目（CIP）数据

大数据时代的统计学思维 ：让你从众多数据中找到真相 / 刘强编著. -- 北京 ：中国水利水电出版社，2018.5 （2023.1 重印）
ISBN 978-7-5170-6239-4

Ⅰ. ①大… Ⅱ. ①刘… Ⅲ. ①统计学－普及读物 Ⅳ. ①C8-49

中国版本图书馆CIP数据核字(2017)第327473号

书　　名	大数据时代的统计学思维：让你从众多数据中找到真相 DASHUJU SHIDAI DE TONGJIXUE SIWEI:RANG NI CONG ZHONGDUO SHUJU ZHONG ZHAODAO ZHENXIANG
作　　者	刘强　编著
出版发行	中国水利水电出版社 （北京市海淀区玉渊潭南路 1 号 D 座　100038） 网址：www.waterpub.com.cn E-mail：zhiboshangshu@163.com 电话：（010）62572966-2205/2266/2201（营销中心）
经　　售	北京科水图书销售有限公司 电话：（010）68545874、63202643 全国各地新华书店和相关出版物销售网点
排　　版	北京智博尚书文化传媒有限公司
印　　刷	三河市龙大印装有限公司
规　　格	170mm×230mm　16 开本　13.75 印张　161 千字
版　　次	2018 年 5 月第 1 版　2023 年 1 月第 6 次印刷
印　　数	15001—17000册
定　　价	69.80 元

前言

Preface

统计学，其实是一门五味杂陈的学科。因为它既有自己的独立性，可以自成体系；又能够和其他学科紧密联系，从而形成新的交叉学科，如社会统计学、经济统计学和人口统计学等。在大数据时代的潮流下，人们对于数据越来越重视，研究和分析数据的理论和方法越来越丰富，统计学越来越发挥出它的作用，在各个领域都体现出应用价值。无论是人工智能技术下的超级AI，还是海量数据中的深度学习技术，或者是以假乱真的虚拟现实，统计学都是它们赖以存在的理论基础。

大数据时代，大家都在谈论“大数据”。可是，到底大数据时代的本质是什么？大数据时代必须掌握哪些知识？许多人并没有一个清醒的认识。在大数据时代下，一切都离不开数据，而所有数据都离不开统计学。在统计学的作用下，大数据发挥出了它巨大的威力，是统计学让数据有了实实在在的说服力。

如今，似乎我们一切的衣食住行都是在用数据说话，无论到哪里都离不开数据的支持。例如，地图上的导航系统，就是实时分析路面数据得到的，数据分析需要统计学；购物网站上的商品推荐，就是由推荐系统根据我们的购物记录得到的，商品推荐需要统计学；医院诊断某一疾病的病因，就是统计分析各种指标得到的，诊断疾病也需要统计学……这样的例子还有许多，无一不说明了统计学在现代社会的作用和价值。

然而，大多数人在享受着地图导航、商品推荐、疾病诊断这些便利，身处于统计学的应用海洋之中却浑然不知。当然，对于大多数普通人来说，不可能都去学习新时代下那些最时髦的数据分析技术，更不可能人人都成为统计学方面的专家。但是，对于每一个人来说，有必要了解一下统计学的基础理论，理解一些统计学的基本原理，能够用统计学的基本方法来分析简单的数据问题，这些都不是一件困难的事，也不是一件令人乏味的事。这么做不为别的，只是为了跟上大数据时代的思想潮流，让统计学的思想深入人心。

统计思想，已然成为大数据时代不可或缺的基本思想，从统计学的热度就可见一斑。越来越多的学校开设了统计学专业，越来越多的家长建议自己的孩子学习统计学，越来越多的书籍、文章在介绍统计学的知识等，这些都体现了统计学的重要性和受欢迎的程度。这些并不是没有道理的？我们可以看到，如果你是一位营销人员，要是你不懂统计学，不会对数据进行分析，那么，你就不可能取得好的营销效果；如果你是一位产品经理，要是你不懂统计学，不会处理用户数据，那么，你就不可能对产品进行改进；如果你是一位老板助理，要是你不懂统计学，不会做数据图表，那么，你就不可能赢得老板的认可……

可能有许多人认识到了统计学的重要性，但是，看到那一堆数据报表和复杂的计算公式就望而却步了。其实，统计学不仅仅只有那些，没有复杂的计算公式，不用那些高深的理论，照样可以学习到统计学的一些基本原理和方法，毕竟，不是每个人都需要弄清楚统计学的每一个方面。有了这个觉悟之后，对于那些想学点统计学的读者，本书将会是一个极好的选择。既有最基本的统计学方法和原理，又有丰富具体的实际应用案例，手把手地带领读者轻松走进统计学的大门。

本书内容及体系结构

本书共分为 10 章，第 1 章是引导读者进入统计学的世界，用几个好玩的例子调动读者学习统计学的兴趣，同时让读者能够感受到统计学的魅力。从第 2 章开始，每一章都是介绍统计学的某个原理或者方法，其中，每一章都有 5 个左右的应用实战案例。对于每一个案例，都从统计学的角度来看，进行系统详细的分析讲解，力求做到深入浅出，让读者既容易理解又能学到东西。

本书特色

1. 选择基础统计理论、讲解通俗易懂

本书不走寻常路，抛开了统计学中那些深奥的理论知识，并不是就给读者讲述一大堆空洞而乏味的理论知识。对于统计学的理论，力求去粗取精，绝不贪多求全。本书将那些实用的、基础的、易懂的统计方法和原理，完整地展示给读者，力求用通俗易懂的讲解，给读者带来感悟和启发，让读者能够完全理解和吸收，体会到统计学的魅力。

鉴于本书只是一本入门级别的科普类书籍，且本书的一大特色是计算量比较小，没有生涩难懂的学术概念。因此，对于绝大多数读者来说，阅读起来毫无压力，大家可以轻松踏入统计学的大门。

2．精选典型应用案例、分析深入浅出

对于统计学的基本方法和原理，如果没有实际的应用案例，那么，学习起来的效果将会大打折扣。本书正是意识到了这一点，故在介绍统计学方法和原理的同时，都会尽可能地引入一些经典的统计学实战案例。这些例子涉及范围广，有些贴近生活，有些又是历史上的趣事，读者不会觉得枯燥乏味。

对于每个案例，本书从统计学的角度深入浅出地进行了分析，思路清晰，逻辑严谨，让读者在这些案例的解析中，了解统计学的核心思想，掌握实用的统计学方法。

3．精挑细选案例、应用场景丰富

本书一共介绍了超过 30 个应用案例，每个应用案例具体来说都是一种应用场景，这些案例涵盖了九大领域，既包含了物流运输、生产销售这样的经济领域，也囊括了人际交往、家庭生活这样的生活领域。如此丰富的应用场景，保证读者能够和自己的实际生活结合起来，从而能够让读者迅速将统计学的思想和方法应用到日常的每一件事情上。

本书读者对象

- 统计学入门的读者
- 对大数据感兴趣的读者
- 想学习实用统计方法的读者

本书由刘强组织编写，同时参与编写的还有张昆、张友、赵桂芹、陈冠军、魏春、张燕、项宇峰、晁楠、高彩琴、郭现杰、刘琳、王凯迪、王晓燕、吴金燕、尹继平、张宏霞、张晶、姚志娟、马翠翠、范陈琼、孟春燕、王晓玲、肖磊鑫、薛楠、杨丽娜，在此一并表示感谢！

因水平和成书时间有限，书中难免存有疏漏和不当之处，敬请指正。

目录

Contents

第 1 章

人人都要会统计

大数据时代到了，掀起了一波“统计热”。统计学，在大数据时代越来越受到重视，并被应用在越来越多的方面，如无人驾驶汽车、AlphaGo、机器学习和人工智能等，都是以统计学为基础理论。大数据时代，人人都应该会点统计学，学会读懂数据，学会用数据说话。

1.1　从啤酒和尿布说起

啤酒和尿布，本来是毫无联系的两件物品，可是，当时有一家超市对销售数据进行统计分析，发现了它们之间的联系，并将这两种风马牛不相及的商品摆在一起，就是这样看起来荒谬的举措，让尿布和啤酒的销量大幅增加，刺激了整个超市营业额的增长。这并不是在开玩笑，而是一个用好统计学的真实案例，至于这家超市，正是如今风靡全球的沃尔玛。啤酒和尿布的故事也就一直流传至今，仍然被人们津津乐道，已然被视为利用统计方法挖掘数据关系的经典之作。

原来，在当时的美国，对于大部分家庭来说，一般都是母亲留在家里照顾婴儿，而父亲去超市购买尿布。很多时候，这些年轻的父亲们在购买尿布的同时也会有点自己的小心思——顺便为自己买点啤酒。正因如此，啤酒与尿布这两件看上去毫不相干的商品，就经常会出现在同一个购物篮里。当时，沃尔玛通过分析啤酒和尿布的销售数据，发现了它们之间这种隐蔽而又合乎情理的关系，就决定改变商品的摆放位置，将啤酒和尿布摆放在相同的区域。

对于家里有婴儿的父亲们，如果去某个商店买尿布的时候，商店里没有啤酒，或者啤酒的位置离尿布太远了，那么，他们心里的小算盘就会很快被打消，或者下次就会到别的商店去看看，这就无形中造成了营业额的降低和顾客的流失。而沃尔玛将尿布和啤酒摆到了一起，看似只是尝试一次小小的位置调整，却让那些父亲们能够很方便地同时购买两件商品，这不仅仅提高了这些顾客的购物体验，由于这些父亲们在买尿布的同时顺便又买了啤酒，还使啤酒和尿布的销量增加了，这样也就让超市的营业额增加了。

从上面的故事可以看出，看似一次漫不经心的位置调整，却能够为超市吸引更多的顾客，并带来更多的销量和利润，这给我们带来了什么启示呢？试想一下，如果沃尔玛超市没有认真对各种商品的销售数据进行分析，又怎么能够发现啤酒和尿布之间的联系，更不会有接下来的调整了。

从统计学的角度来看，沃尔玛通过分析啤酒和尿布的销量，发现了这两个变量之间的相关关系。在如今的大数据时代，人们对于数据越来越重视，像网购时的浏览点击、用户在网页上的逗留时间、用户的 GPS 定位信息等都已经被当做了数据。收集到的这些数据可以用来进行相关性分析或者回归分析，就可以发现隐藏在这些纷繁复杂的数据背后的相关关系或者因果联系，即从数据中得到的规律。

根据分析数据得到的这些规律或者某种联系，不仅网站能够用来设计精准的推荐系统，为我们购物、听歌、看电影时提供方便；还有医院也能够用来找到疾病的病因，为我们的身体健康保驾护航等。可以这样来说，我们目前衣食住行等各方面的大多数便利，都是建立在分析数据的基础上完成的。统计学，对于现在这个快速高效的互联网社会，起着功不可没的作用。

其实，统计学并非最近几年才被重视，也并非只是在最近才体现出巨大的作用。在学术方面，早在这门学科成熟之前，统计学就已经和经济学、社会学等结下了很深的缘分。将统计学应用于经济学、社会学等其他学科之中，从而形成了许多新的交叉学科，让人类知识的触角更进一层。统计学里面的各种方法和原理，早就已经成为科研领域的必修课，实验室的人们根据它来分析实验数据。

在工作方面，统计学兼具用数据说话的缜密严谨和用图表示人的形象生动。几乎所有的白领岗位，都要学会基本的数据分析并将数据可视化，也就是将分析数据的成果用统计图表的形式进行展示。总之，这些都已经成为职场人士的基本技能。

在生活方面，统计学教给我们的，并不是那些死板的逻辑，而是能够从数据中发现问题的敏锐嗅觉，能够根据数据辨别真假的敏锐目光。由于人类对于数据的天生敏感，许多别有用心的商家或者老板就利用这点来忽悠顾客或者员工，如平均工资的陷阱、商品折扣的圈套等。利用统计学，可以看透这些表面的数据，远离那些别有用心的人。

1.2 统计学还可以这样玩

1.2.1 参军的死亡率更低吗

美国与西班牙战争爆发后，美国军方急需扩充军队，让更多的美国人来参军。可是，在这紧急时刻，不少美国人由于害怕在战争中牺牲都不愿意参军，尤其是海军。美国军方当然知道民众不积极的原因，就特地做了一份统计报告来劝说大家参军：“据可靠统计数据显示，美国海军的死亡率是 0.9%，而同期纽约市民的死亡率是 1.6%。”显然，美国军方的指向非常明显，从字面上给人的意思就是，大家赶紧来参加美国海军吧，这里的死亡率更低，比待在纽约更加安全。

看了上面这一则小故事，你是不是也觉得参加美国海军会比待在纽约更加安全呢?

显然，这只是美国军方故意做出的小把戏罢了。从统计学的角度进行分析就可以发现：表面上美国海军的死亡率确实要比纽约市民的死亡率低，但是，美国海军和纽约市民是两个不同的总体，群体构成有很大差别，因而不能够通过两者死亡率的高低来判断各自的安全程度。细想一下，纽约的市民中，包含了那些年老、病重的人，这些人死亡的概率要远远高于年轻人，因而纽约市民的死亡率自然高些；而在美国海军军营中，几乎都是身体健康的年轻人，死亡率必然要低些。显而易见，用全纽约市民与美国海军进行比较是不公正的。应该是用纽约市的年轻人和美国海军这样比较公正的比较，才能体现哪个地方更加安全。

1.2.2　抽烟喝酒者的辩解

日常生活中，有些人有抽烟喝酒的不良习惯。如果亲朋好友好心劝他们戒烟戒酒时，这些人往往喜欢这样来为自己抽烟喝酒的行为进行辩解："隔壁的老王，人家的烟龄也有 20 多年了，到现在身体不也好好的吗？""公司的领导李总，他来往应酬也是杯不离手，现在也是精神饱满，身体健康。""同事小刘，抽烟喝酒比我厉害得多，人家也没打算戒烟戒酒。"……

还有些人，也会拿出这一类例子来说事："某某既不抽烟又不喝酒，可是，年纪轻轻还是得了重病。""某某天天锻炼身体，不沾烟酒，现在不还是躺在病床上。""某某又是戒烟又是戒酒，你看，这也戒了一段时间了，这病就跟着来了。"……

显然，上面的这些说法都是在诡辩，以偏概全，在为自己抽烟喝酒的不良行为找借口。从统计学的角度来看，人的身体健康是受许多因素的影响。无论是否抽烟喝酒，一个人在各个年龄阶段都可能生病，甚至死亡。单独的几个例子并没有说服力，因为它们的出现可能是因为小概率事件恰好发生了。因此，必须从宏观的角度进行统计分析，才能判断抽烟喝酒对人身体健康的影响。而根据统计数据表示，抽烟喝酒的人的平均寿命比不抽烟喝酒的人小 5 岁，这就有力地说明了抽烟喝酒对于人身体健康是有害的。上面的例子也体现出来，统计学里面不用个别的例子来估计总体的特征，而是用充分的数据来说话。

1.2.3 穿裤子的一定是男生吗

统计学上有一个非常有意思的问题：在一所艺术院校内，男生的校服只有裤子款式，而女生的校服则有裤子和裙子两种款式。经过统计发现，这所院校内75%的女生都会选择裙子，另外25%的女生则会选择裤子。假如今天你来到了这所校园内，远远地看到一个穿裤子的同学，那么，他是男生的概率更高，还是女生的概率更高?

对于上面的问题，如果只凭直观的感觉，就会认为这位穿裤子的同学是男生的概率更高。至于这个结论的理由，这是因为 100%的男生都穿裤子，而只有 25%的女生选择裤子，100%要远远大于 25%，显而易见，这位穿裤子的同学更有可能是男生。

上面的论证是否有纰漏呢？如果再细想一下，扎扎实实地通过计算来比较是男生和是女生的概率就能够发现问题。原来，在这个例子中，很容易忽视一个重要的数据，即这所院校内男生和女生的人数。如果该院校共1100人，1000人是女生，100人是男生，那么，这位穿裤子的同学更可能是男生还是女生呢?

首先，需要计算这所院校内选择裤子的学生总人数。女生选择裤子的有 250（1000 × 25%）人，男生选择裤子的则有 100 人，选择裤子的学生总人数就是 350（250 + 100）人。其次，再来计算这位穿裤子的同学是女生的概率是 71.4%（250 ÷ 350），是男生的概率则是 28.6%（1−71.4%）。

这么仔细一算，原来这位穿裤子的同学更有可能是女生。从这个例子中也可看出，我们很容易只靠自己的直觉或者所谓的经验对数据做出判断，甚至，还能够为自己的直觉判断找到一些“理由”。事实上，由这样的直觉或者经验得到的结论很多时候都是错误的，这就需要利用统计学的知识来进行严谨的分析，从而规避这类误解。

1.3　学统计，用数据说话

大数据时代，那些浩瀚的数据犹如新时代的金矿，等着人们去挖掘。而统计学，就是挖掘这片金矿必不可少的工具。归根到底，统计学，是通过收集、整理、分析、描述数据等方法推断事物的本质，从而发现问题并预测未来的一门学科。统计学，通过数据连接过去，对现在做出判断，预测未来的趋势。因而，数据是任何统计活动赖以存在的基础，也可以这样说，统计学，让数据能够说话。

通过学习基础的统计理论，可以学会收集数据，识别图表，计算数据的统计指标，抽样调查，对概率和期望有一定的了解，了解大数法则，能够进行基本的相关分析和回归分析，并且能够进行统计推断等。而这些正是本书的大致内容，结合我们的生活实际，学习这些方法和原理并不复杂，但是，它们的作用却能够渗透到日常生活的方方面面。

如果你还在考虑是否要学习统计学，不妨看看当代最著名的统计学家 C.R.劳的故事，能否从巨人的肩膀上看到统计学未来的方向。

1987 年，在传奇数学家拉曼努扬的百年诞辰上，他的学生——作为当代最著名的统计学家之一——C.R.劳也应邀出席了活动，并且做了三场演讲。基于 C.R.劳的演讲稿，于 1989 年出版了著名的《统计与真理》一书。此书被许多学习统计学的人视为圭臬，于 1997 年又发行了第二版，可以说是火爆了全球。

在《统计与真理》第一版的序文中，C.R.劳提到：

学生时代，我主修数学——一种从给定前提下演绎结果的逻辑；后来我念统计学——一种从经验中学习的理性方法，即从给定的结果验证前提的逻辑。我已认识到数学及统计，在人类为提升自然知识，及有效管理日常事务所做的一切努力中，占有重要性。

我相信：

在最终的分析中，所有知识皆为历史。

在抽象的意义下，所有科学皆为数学。

在理性的世界里，所有判断皆为统计。

在C.R.劳的眼里，所有的判断都可以称之为统计的结果，统计已经能够和历史、数学相并肩。处于大数据时代的我们，又怎么能够错过统计学呢？

第 2 章

别让数据欺骗了你的双眼

如今，我们已经进入了大数据时代，各种各样的数据让人眼花缭乱。例如，在淘宝上比较一些商品之间的信息，在旅行时比较各种可能的路线，在投资理财时比较不同金融产品的收益等。这些数据，对于我们都具有非常重要的意义，学会分析数据，不被数据欺骗了双眼，是大数据时代每个人必须掌握的本领。

2.1 带你重新认识数据

虽然我们已经处于火热的大数据时代，享受着数据带来的便利，也被一些别有用意的数据欺骗，各个领域都就数据视为自己的核心资源。可是，绝大多数人并不了解数据，甚至讨厌数据，不愿去了解这一片待挖掘的金矿。认识数据，是能够利用统计学知识分析数据的第一步。

2.1.1 数据，真是一个枯燥的东西吗

数据，真的是一个枯燥的东西吗?

如果我们做一个调查活动，在大街上随机找一些行人来回答这个问题，并将这些答案进行整理。和我们预想的一样，统计的结果必然是这样的：绝多数人都会肯定的回答，数据不就是和数学有关吗，数据就是很枯燥的东西；只有极少数人会觉得数据里面也有许多有意思的地方，一些有用的数据不是枯燥的，是很有趣的。

数据，其实是一个具体的东西。

仔细想想，大多数人之所以会认为数据是很枯燥的，无非就是因为在我们的脑海里面，数据是非常抽象的，一时间不知道什么可以称之为数据；即使对数据有一个基本的认识，但也都是从一些教材上得到的。因此，我们脑海里面有关数据的例子都是让人觉得乏味的。

然而，数据其实很具体，也可以像小说里面的文字一般生动形象，应用在日常生活的各个领域。前面已经说过，我们非常感兴趣的一些信息其实就是数据。例如，购物网站上各种商品的价格和点评

数，可以是数据；旅行时的各种路线的时间和花费，也可以是数据；投资理财中各种金融产品的收益，仍然可以是数据……

我们很多时候都是在和数据打交道。例如，去超市买水果时当然会留意各种水果的价格，去影院看电影前喜欢先看网上的评分，家长特别关注孩子考试的成绩……因此，可以这样说，我们绝大多数人既对数据产生过兴趣，又在日常的生活中到处接触过数据，怎么能够说数据是无趣和枯燥的呢？但是，世界上的数据这么多，我们怎么来研究它们呢？统计学中的数据又是怎样的呢？

我们现在对数据不那么厌烦了，已经能够正视它们了。这时，如果要进一步认识数据，就必须从统计学的角度出发。在统计学里面，数据又会变得很抽象，但是也没有我们所想的那么复杂。不过首先要弄清楚一个概念——变量，那么，什么是变量呢？变量，通俗地说，就是用数据来描述的某个方面。例如，我们收集了一个班级所有同学的年龄和身高，那么，年龄和身高就是这次统计中的变量，而相应的数据就是这些变量的值。

在弄清楚变量和数据的关系后，可以进一步认识数据的不同类型。对于各种各样的数据，统计学家们按照它们的性质分成了三个大类：分类数据、顺序数据和数值型数据，这三个类别可以囊括现实世界中的所有数据。

（1）分类数据：指的就是，事物的类别，也可以看做是一种数据，只是这种数据是文字的。例如，在购物网站上选择用鼠标点击那些商品类别：服装、数码、图书等，这些都可以看作是那些商品的数据。因此，一件春季运动上衣的类别就是服装，而不可能出现在数码类别里。对于这些数据，同样可以用数字来进行表示，如用 1 来表示服装、用 2 来表示数码、用 3 来表示图书等。显然，这件春季运动上衣的类别就是 1，这样又变回我们最熟悉的数据类型了。

（2）顺序数据：顾名思义，就是按照顺序排列的数据，这种数据也是文字的。例如，一年有春夏秋冬四个季节，这四个季节都是必须严格按照顺序的，不能随意调整顺序。同样，也可以用数字来表示这四个不同的季节，例如用 1 来表示春天，那么，2、3、4 就必须分别用来表示夏天、秋天和冬天，因为这是按照顺序来的。比较典型的顺序数据还有考试成绩的评级，如 A、B、C、D 和 E 等，中奖的大小，如一等奖、二等奖和三等奖。

（3）数值型数据：这是我们最熟悉的类型，就是指用数字来表示的数据。例如，我们的身高和体重就是典型的数值型数据。在日常生活中遇到的绝大部分数据都是这种类型的，并且，在统计学中所有研究和分析的也主要是这种类型。

至此，是不是对数据有了更新的理解？那么，我们所需要的数据又是从何而来的呢？数据对于我们有什么用呢？

2.1.2 数据对我们的作用大着呢

都说艺术源于生活，又高于生活。其实，数据可以这样说，它的来源同样是生活中的各个场景，但是，分析数据得到的结果却是具有本质意义的，往往能够用于指导实际问题，这就是数据的最大用处。

那么，数据是怎样来指导我们的生活呢？

首先，数据更加客观和准确。

相较于文字来说，数据显得更加客观和准确。通俗地说，文字是活的，而数据是死的。因为，用文字来描述一个事物时，不需要经过仔细测量，只要一个大概就行，并且是可以经过修饰的。例如，在说一个人的身高时，就可以说他是高个子。但是，他到底是怎样的身高？高个子又是怎样的评判标准？对于这些疑惑，我们都不能够从这句话里面得到了解，就好比一千个读者眼中有一千个哈姆雷特。

但是，对于数据，往往是说一不二的。无论数据是多少，它就摆在那里，并且不用任何修饰，随便加一个 0 或者移动一位小数点，这个数据就不对了。还拿上面的身高来举例，如果测量的时候，这个人的身高是 172 厘米，那么，对于他的身高，不同的人都能够有准确的把握，就是 172 厘米。至于是否觉得他是高个子，只是主观上的感受不同罢了。例如，北方人可能觉得不是高个子，到了南方可能又觉得这个人很高了。

其次，数据能够给我们反馈。

现代社会，人们越来越意识到仅仅靠努力是不够的，这就是因为单纯的埋头苦干是没有任何反馈的，这样根本不可能提高自己的价值。就好比一个错误，如果你努力地重复了一千次，它仍然是一个错误。既然反馈对于个人的发展越来越重要，那么，反馈又是从何而来的呢？反馈的一个十分重要的来源就是数据，通过数据得到的反馈是非常科学客观的。无论这个反馈是好的还是坏的，它都不是主观臆断的。

例如，家长对于孩子的考试成绩非常关心。孩子每次的考试成绩，就可以算得上是非常重要的数据。为什么说它们非常重要呢？因为，孩子的学习情况都可以从这些考试成绩中得到反馈。因此，只要认真分析每次考试的成绩，就能够发现孩子在学习上还有哪些问题。假如在孩子的所有考试中，数学成绩是最差的，并且没有及格，那么，孩子的学习问题就出现在数学上面，接下来就应该对孩子的数学方面加强辅导。更进一步，还可以分析孩子数学考试的试卷，统计一下哪些题型错得最多，哪些知识点不会，这样，接下来的辅导就有了重点，也就是孩子不熟悉的题型和不会的知识点。

最后，我们可以用数据来说服、吸引对方。

数据，其实远远没有表面看起来那么枯燥、单纯。数据，也可以作为一把利器，用来说服或吸引别人。无论对方是谁，是你在微信上的潜在粉丝，还是你的领导，抑或是你想追求的另一半等；无论是什么样的形式，是在面试中的面对面交流，还是使用邮件沟通，抑或是用PPT的形式做展示等。总之，凡是需要说服的地方，我们都可以引用数据，从而取得文字所不能够达到的效果。

对于数据的说服力，我们仍然可以拿身高来举例。例如，如果只是简单地说这个人很高，那么，别人听了只能有一个模糊的印象，并不一定会在心底也产生这种认同；然而，如果说这个人的身高是185厘米，你肯定会觉得这个人很高，有一种认同感。其实，数据的说服力，其本质还是来源于数据的客观性和准确性，让人一听就觉得靠谱，不是忽悠和吹牛。

对于数据的吸引力，应用得最多的地方要属那些“标题党”了。例如，在阅读微信中的文章时往往能够发现，标题党们的一个惯用套路就是在标题中尽量用数据来说话，少用模糊的描述性词语。例如，《月薪3000和月薪30000文案的区别》就是一篇微信上面的热门文章。我们看到，在这篇微信热文的标题中就是用数据的形式来吸引用户，并且3000和30000这两个数据之间形成了强烈的对比，从而激发用户点击阅读的欲望。相反，如果我们把这篇文章的标题变为“低月薪和高月薪之间的文案对比”，这样你还有看下去的欲望吗？这个标题一看起来就让人觉得索然无味。

2.1.3 我们被二手数据包围了

现在我们已经知道了数据高于生活，数据对我们的日常生活具有很大的指导作用，借助数据，我们可以及时总结反馈，发现问题，从而更好地解决问题。那么，我们日常所用的数据是从何而来的呢？

其实，在日常生活中所使用的数据，大多数都是二手数据，也就是经过他人传播到我们这里的数据。这些二手数据，自然不像我们所讨厌的二手烟那样对我们的身体健康形成严重的威胁。相反，二手数据还能够让我们省去了不少心，让我们能够更加了解数据的丰富多彩。这是因为获得第一手数据往往是个需要许多脑力和体力的工作，于是，我们把获得第一手数据的工作全部交给了那些专业人士来处理，而我们只要坐享其成就行了。

例如，图书中的统计资料、报纸上的招聘广告等，这些都是典型的二手数据，因为这些数据都是由记者或者做报纸上的招聘广告者收集得到的，他们是这方面的“专家”。

但是，我们不能忽略获得二手数据的最大来源——互联网。如今，几乎人人都需要从互联网上获得自己所需要的那些数据，例如，学生们需要登录学校的教务网站来查看自己的各科成绩，购物时需要从电商平台上看到各种商品的价格，出行时需要搜索目的地的天气情况等。我们从网络上浏览、搜索得到的这些数据，也都是典型的二手数据，除非这些数据本身就是我们发布到互联网上的。

其实，现代社会获取想要的二手数据已经变得越来越简单，各种各样的二手数据传播得非常顺畅。想想古时候，那时候人们还没有数据意识，即使从现代人的角度来看，他们也只能够从书籍上来获得自己想要的数据，例如各地的县志就相当于一个记录各地重要数据的数据库。

现在的人们有了古人怎么也想不到的快捷方法，来获取自己所想要的数据。这种方法就是互联网上的搜索，通过搜索，我们能够迅速得到想要的数据，而不用从无穷的网页中寻找。如今，我们常用的搜索引擎有百度和谷歌等，这些专业的搜索引擎可以算得上是互联网数据王国的导游，几乎能够到达互联网上每一块开放的地方。例如，我们在购买手机的时候，一些发烧友们往往喜欢搜索各种手机的测评数据，用来比较它们的性能。

如今，我们还有一个获得数据更加简便的方法。这种方法几乎已经渗透到了日常生活的各个角落，无论在什么地方，都非常容易看到它们的身影。或许你已经猜到了，或许你仍然还陶醉在搜索的便利之中。这种更加简单快捷的方法就是二维码。二维码，这个几年前大家还觉得陌生的词语，迅速进入了人们的日常生活，例如，各种各样的商品包装上面都会有一个二维码、各种报纸期刊上面同样会有二维码等。现在二维码也成为了人们获取数据的重要入口，例如，我们在逛街的时候，如果看到了一件新衣服，想知道它在网上的价格，就可以扫一扫它标签上面的二维码。

二手数据虽然大大地方便了我们，让我们不用再去为收集数据而劳心费力，但是，并不是所有的二手数据都是我们所想的那样单纯无害。即使数据是客观的，但是也是人们收集和传播的，往往会被这些人所利用，来达到他们的目的。例如，一些创业者们往往会夸大自己的业绩，从而来吸引更多的目光，以便获得更多的投资，满足自己想成功的私欲。现实生活中故意隐瞒、歪曲数据，甚至无中生有地凭空捏造数据的例子还有很多，因此，在对待二手数据的时候，一定要留一个心眼，有自己的分辨能力。

2.1.4　第一手数据是从何而来的

虽然这个世界上的有许多人都在收集第一手数据，让我们的生活更加便利，但是，事实并非如我们所想的那样，任何时候需要数据都能够坐享其成。我们每一个人都必须学会自己去收集第一手数据，不要指望搜索能帮上你的忙，不要过于相信网络上的二手数据，尤其是与我们切身利益相关的一些数据。这时，自己去收集第一手数据，一方面可以使得到的数据更加符合我们最初的目的，另一方面也是验证二手数据真实程度的最好手段。

例如，我们在网络上搜索医疗相关的数据时，就需要特别注意，这是与我们的生命健康息息相关的，最好不要轻易相信网络上有关医疗的一些广告资料。无论这些资料说得有多么好，我们也得自己去验证或收集第一手资料，例如，亲自去医院看一看、从病友们的口中打探一下这个医院的口碑或咨询一些更权威的专家等。只有这些工作弄得扎实了，看看它们说的是不是和网络上的一样，这样才能够考虑清楚要不要去就诊，而不是被忽悠进去。如果不去弄清实情就贸然就诊，轻则多花了一些不必要的钱，重则给自己的生命健康带来极大的风险。

因此，收集第一手数据是非常重要的，不仅是那些专门收集数据的专家们，对于我们每一个人来说，也是如此。那么，收集第一手数据有哪些方法呢?

从上面的例子就可以看出，在现实生活中，收集第一手数据的方式有多种多样。例如，我们在买房时要知道某个楼盘怎么样，光靠那些销售广告上的介绍不行，而是要亲自去这个楼盘看一看、到处转一转。如果不是刚开盘的，就可以向已经住进来的居民打听打听。这里的收集方式就有两个：一种是实地考察，亲自去观察；另一种是走访调查，面对面地进行访问。

但是从统计学的角度来看，获取第一手数据的途径虽然多种多样，但是归根到底，就只有调查和实验这两种方式，这就好比把人们所用的收集数据的方法分成了两个大类。对于调查，我们并不陌生。因为这种统计方法已经渗透到了各个工作领域，人们已经习以为常了。例如，市场推广人员在制定工作计划之前，往往需要调查市场实情，根据调查结果来做出相应的决策；人口普查也是一种调查的方式，只不过这种调查的规模远超于我们的想象，它耗费的时间较长，动用的人员庞大，付出的成本较高；几乎所有的产品在出厂前都有一道质检工序，对于质检，这也是一种调查，只不过是抽样调查罢了。

在统计学里面，对于抽样调查，指的就是从我们需要调查的总体里面抽出一定数量的个体，也就是样本，其中，抽取的个体数量叫做样本的容量。

对于实验，我们或许觉得陌生，实验能够产生数据吗？确实如此，用实验来产生数据，已经成为了科学领域研究的基本方法。现在，我们看到的一些比较好的科学论文里都有详实的数据来支撑最后的结论，而这些数据当中大部分是通过实验得到的。甚至可以这样说，判断一篇科技论文是否优秀，一个重要的评判标准就是它的数据是否准确可信。不仅如此，在以前的时代中，实验产生的数据就推动着人类的科学技术不断发展。例如，生物学家通过研究植物在有阳光和无阳光状态下的生长情形，收集植物的各方面数据，从而发现了植物光合作用的存在。

难道实验只能够用在科学领域吗？事实并非如此，在日常生活中也可以通过实验来获得想要的数据，只不过我们更习惯于把这些实验称之为测试罢了。例如，我们买了一台新手机，就可以通过一些测评软件对它的性能进行测试，看看它的内存怎样、CPU 的性能如何，这在本质上就是通过实验获得数据。

如今，我们已经对收集第一手数据的方法有了最基本的了解。其实，数据的收集只是统计的第一步，也是最基础的一步。统计学当中对于数据的处理方法，才是这一门学科的精髓。

2.2　教你分辨数据的真假

2.2.1　网购手机的预约数真的可信吗

如今，电子商务越来越成熟，人们早就过了对网上购物的不适应阶段，已经习惯在网上购买各种各样的商品，网上购物已经成了非常平常的生活方式。无论是衣服，还是数码产品，只要是自己看上的都能在网上进行购买。整个网购过程快捷方便，不用出门，轻轻松松浏览电商平台，选中自己喜爱的商品，只需完成支付，就可以静静地等待快递小哥将这些商品送到面前。

慢慢地，网购也被商家玩出了新花样。且不说什么“双 11”这样的购物节，像手机商家兴起的抢购预约等饥饿营销手段，还有一些商家通过众筹的方式参与进来。但是，要说预约活动最成功的还是那几个大的手机品牌，一旦发布新品，往往是各种科技热文加发布会加预约入口滚滚而来，让看热闹的网友们也想试一试，加入预约的大队伍。

但是，看着那几万、几十万的预约数，这些新手机真的这么受欢迎吗？如果你轻信这些预约数，那你就大错特错了。网络上各种预约数出问题的例子有许多，甚至包括一些大的电商平台。

例如，在 2014 年，某著名电商关于一款新手机的预约活动就暗藏了猫腻，任何时间显示的预约数都是 3 的倍数。果然，被聪明的网友扒出来了，这是因为工程师在网页上动了手脚，将新手机的真实预约数量乘以 3，再在网页上面显示这个乘以 3 之后的数字。这件事情被曝光后，引起了越来越多网友的关注，在网上引起了轰动。

显然，网商的做法是在捏造数据，这是赤裸裸地忽悠大家。但是，该网商公关团队却声称，这是因为程序员的失误让原来的预约数清零了，为了得到一个真实的预约数据，他们不得不将现在的预约数再乘以 3。难道真如该网商解释的那样吗？其实，这只不过是公关的又一次忽悠，稍微懂点技术的人都知道，在那么著名的网商网页上让一个数据清零是基本不可能的，即使如此，也一定有方法将其恢复过来。再退一步说，就算是因为程序员的失误让原来的真实预约数据清零了并且不能够恢复，那么也不该是将现在的预约数乘以 3 啊，这不会让数据越来越离谱吗？难道没有更好的办法吗？例如，对原来的预约数进行估计，然后加上这一估计值。

现在，你还会相信网络上的预约数吗？网友扒出的不只是该款手机背后的猫腻，还有一些其他的手机品牌，这几乎成为了手机行业里的潜规则。如果你觉得只是预约数造假，那你又错了。除了预约，一些团购活动的参与人数也是放大许多倍的，还有一些商品的点评数、文章的获赞数、自媒体的粉丝数量等，都是可以通过人为来造假的，不过是利用一些僵尸粉、“水军”来虚张声势。

总之，互联网几乎已经成为了数据造假的主要阵地，尤其是新品发布、新电影上市等，雇佣一批水军来获得更多的好评和更高的评分，这已经成为了进入市场前的必需手段。如果不这样做，行业内的其他竞争者也会如此，就很容易被其他竞争者抢了风头。由于现在还没有打击互联网上虚假数据的相关规则条例，虚假数据所要承担的风险无非就是被人曝光，但是也可以请公关团队来迅速进行弥补。因此，相比较而言，夸大或者捏造数据，让数据变得更加好看，就已经成为了商家最有力的营销手段。

然而，大多数网友都是潜在的顾客，虚假数据的影响可想而知。虽然说这些数据虚假并未涉及商品的价钱等最核心数据，但是，商家借助假数据所营造出来的哄抢氛围，却让原本不打算买单的网友作出了消费的决策，这难道不是一种利益的侵害吗？因此，在网络上看到各种各样的数据一定要小心，你必须明白它们都是被“修饰”过的，商家所展示给你的数据绝不会诚实到如你所想的那样。

2.2.2 买房时的楼盘销售真的火爆吗

买房，对于绝大多数人来说都是一件大事。无论是在第一套刚需房，还是想买第二套学区房，抑或是想买第三套房子用来投资增值。我们都想着买到符合自己条件的心仪房子。可是，我们很多时候对楼盘并不是那么了解，大多数人为了准备买房积蓄了许久，但是一到下决定时却又是那么的轻率，一看到某个楼盘开盘时的火爆数据，就巴不得把手里大把的现金瞬间就变成落地的一套房子，似乎只有这样才安心；甚至可以不在乎价格，就怕人家不卖；就怕晚了房子就卖完了。

上面的这些场景，有一部分是因为外在形势造成的。对于某些人来说，买房确实是安家落户所需要的；对于另外一些人来说，买房也确实看起来是一种不错的投资手段。当我们听到“某某楼盘今天开盘，队伍排得老长了”“那一片小区的房子都快卖完了，去晚了就买不到新房，只能买二手房了”“今年房价比去年又涨了，现在手里有钱赶紧买房去”但是，我们在买房的时候，有没有考虑过售楼处公布的那些销售数据可信吗？售楼小姐们说的数据是真实的吗？我们似乎只是想迫切地得到房子，无论是自己住还是用来投资，商家只是顺势推动了我们的这种心情。

其实，一些楼盘在开盘时公布的数据当中有很大的水分，标的价格也是虚高的。至于售楼处门前为什么会有许多人，难道商家办不到吗？精明的商家随便找一些托过来撑撑场面就行了。至于售楼小姐所说的，做过销售或者被人推销过商品的人都知道，这里面的数据是肯定被夸大的。

因此，我们在买房时，千万不要将准备了好几年的积蓄在片刻之间做了决定，不要轻信那些表面的销售数据、广告词上的房子数据，最好还是多看看房子，仔细看看购房合同，然后再做出合乎自己条件的决定。

2.2.3 超市的优惠价真的优惠吗

在现实生活中，我们经常在超市买一些需要的商品。在超市中，经常会发现有些商品除了被标注价格以外，还会在旁边的标签上面用红笔写上几个大字，如“特价”“优惠价”或“省心价”等，似乎迫不及待地提示并希望我们把它放到自己的购物车中。

如果我们经常逛超市，最好是一天一次，就会发现，有时候超市的特价商品似乎总是特价、优惠价格的商品也一直处在优惠之中，而省心价也是天天都在提示我们省心。当然，同一件商品也可能变换了模样，昨天还是特价出售，然后今天又是优惠价了，等过了几天，或许又变成了省心价，就怕你不知道它的实惠。

那么，问题来了，价格旁边的标签无论是什么形式，上面的字无论是“特价”“优惠价”或“省心价”，都是表明了这件商品的优惠，但是它的优惠价格到底优惠了多少呢？

其实，细心的顾客会发现，那些所谓的“特价”“优惠价”和“省心价”等，只有少数的优惠是在顾客的期望之中的，确实是在原件的基础上优惠了一些。但是，许多商品似乎只是打着优惠的名号混进来，它们所谓的优惠会让你大失所望，往往只是去掉几分钱的零头，甚至一分钱也不少，和原价无异。

其实，大多数人在超市购物时，往往是不会去特地记住某些商品的价格，因此很少有人会特意纵向地去比较商品的价格，例如，昨天这家超市的香蕉价格怎样，今天这家超市的价格又怎么样。那么，我们最喜欢用怎样的方式来比较价格呢？我们喜欢在超市内对同一类型的商品进行横向比较，例如，今天的茄子和黄瓜，茄子上面标着优惠价，而黄瓜上面没有标注任何优惠，因此，我们就会在潜意识里面觉得茄子的价格更加优惠，如果不是特别喜欢吃黄瓜的顾客就会将目光放在茄子上面，买茄子的人就更多了，几乎没有人会比较茄子昨天的价格怎样。

而超市的工作人员正是利用了顾客的这一心理——除了他们自己很少有人会专门记录超市各个商品的价格变化。所以这些工作人员有意将一些商品标上特价、优惠价或者省心价，虽然在价格上面做出的让步微乎其微，却能够刺激顾客的消费，这样做几乎是有利而无害的提高营业额的手段。

超市这种用“特价”“优惠价”或者“省心价”来吸引顾客眼球的促销手段，其实也是一种假数据，因为这些标签与商品的价格不符，顾客并不能从中享受到优惠、省心的价格。因此，我们去超市购物时，还是要明确自己的需求是什么，不要被那些各种各样的优惠商品看花了眼，千万不要抱着买了优惠就是赚了的心态来购物。只有这样，才能够让我们在购物时少一些非理性的消费，养成科学合理的消费习惯。

2.2.4 有些培训机构的师资真的有那么好吗

现在社会，学业竞争、就业竞争越来越残酷，绝大多数家长都认识到了教育对于小孩的重要性，无论怎样，都不能够让孩子输在起跑线上。于是，家长不仅想尽一切办法地弄到学区房，给孩子未来的学习提供一个有力的保障，还想着利用孩子的空闲时间尽可能地进行一些额外的培训，以提高他们的学习成绩，并在各种各样的升学中抢得先机。

于是，市场上出现了各种各样的培训机构。既有已经做成品牌的，甚至已经成功上市的；也有类似于小作坊的形式，招几个老师、租几间房就开始上课的。但是，家长最关心的还是这些培训机构的师资怎样，他们的学历高不高，是不是名校出来的优秀毕业生，他们的教学经验是否丰富等，这是因为老师的实力往往影响着教学质量，优秀的老师对于孩子成绩的提升是有非常大的帮助的。

自然，培训机构也知道家长们的想法，无论是上市公司，还是小作坊，无一不宣传它们的师资力量有多么好，自己的老师大多数都是出自名校并且教学经验非常丰富，在某些学科上尤为擅长。但是，且不说那些上市公司，因为它们确实有这个实力和吸引力。对于那些规模小的培训机构，真的能够吸引那些优秀的老师并且留下他们吗？

我看未必，这里面都是一些惯用的套路。可以说，某些培训机构宣传单上的师资力量都是被包装出来的，含有极大的水分，甚至有些是完全凭空捏造出来的，往往一个一本毕业的学生会被包装成名校毕业的硕士生等。虚假学历、虚假教龄，各种各样的手段只是想打动不知实情的家长，将他们的孩子忽悠进来。

因此，家长如果想让自己的孩子参加培训，一定要认清各种各样的培训机构，不要被商家的宣传广告所迷惑，不要被他们的虚假承诺所欺骗，最好选择有品牌效应的培训机构；否则，浪费钱财是小事，浪费了孩子的时间、耽误了孩子的学习就是大事了。

2.2.5　让人哭笑不得的“生产日期”

想想你在购物的时候，遇到假得不能再假的数据是什么样的呢？有的人可能会说商品已经过了保质期，有的人可能会说商品的名字是山寨的，还有的人可能会说买到的商品是盗版的等。可是，假得不能再假的桂冠要属于那些“早产”的商品，它们的生产日期都是未来的某个日子，简直让人看了哭笑不得，这不摆明在欺负顾客吗？

事实是，这样的怪事被网友曝光的还不止一次。例如，2015 年，东营的市民小肖在路边购买一瓶饮料，当他检查饮料的生产日期时才发现瓶盖上标的生产日期竟然是 2015 年 2 月 6 日。小肖只能表示无奈，他买的时候还未到 2 月 6 日，初看时还以为自己穿越了。可惜的是小肖喝了饮料之后，觉得饮料的口感跟以前有点不同，这才检查的生产日期。当小肖发现这瓶饮料生产日期的猫腻之后，不敢再喝了，只能把饮料扔掉了。

如果说上面的小肖遇到的只是一瓶饮料如此，也有可能是厂家不小心弄错了，那么，接下来的这件事却波及到了整个村子，每家每户的饮料都是还未到的生产日期，这总与背后的黑心商人脱不了关系吧。就在 2017 年的春节（2017 年 1 月 28 日）前夕，郑州有一个村在春节前给 150 多户村民发放过年福利，福利中就包括每户一箱饮料。这本来是一件喜庆热闹的好事，可是，就在村民们喜洋洋地领完福利回家后就发生了令人尴尬的状况。村民们发现那一箱饮料的生产日期竟然是 2017 年 2 月 10 日，简直让人哭笑不得。没办法，福利中的饮料，村民们一直不敢喝，只能扔了。

类似这样的怪事，还远远不止上面两件，一定还有许多这样带有虚假生产日期的产品，只是没有被曝光而已。还有一些产品的生产日期虽然造假，却在符合逻辑的范围之内，从而完美地掩饰了自己。

总之，对于市场上面流通的各种商品，尤其是食品类的商品，在使用前一定要看看产品的生产日期和保质期，不要买那些数据造假的商品，以免对自己的身体健康造成危害。

第 3 章

不同指标理解统计学

很多时候，我们得到的数据非常多，如果一个一个数据进行处理，往往会显得很麻烦，也没有太大的必要。那么，对于这些“大数据”，我们应该怎么办呢？这时，就可以搬出统计学里面几个重要的概念了，那就是总数、平均数、中位数和众数，这些都是我们在处理数据时必须用到的。

3.1 统计中最常见的指标

平均数、中位数和众数在统计学中的地位非常重要，绝大多数场合下，我们对数据进行分析时，都需要计算它们的平均数、中位数和众数，它们可以算得上是最常见的统计指标了。计算这些指标具有非常重要的含义，它们往往表明了总体数据所具有的某些性质。

3.1.1 “公平较量”的平均数

平均数，可以说是统计里最简单的一个概念了。即使我们从没看过统计相关的书籍，也能了解平均数这个概念，知道它说的是什么，甚至能够在适当的场合下使用平均数。但是，平均数也有许多值得注意的地方，它并不是我们所想的那么简单，将各个数相加然后除以个数就行了。

在了解平均数之前，还必须了解一个概念，那就是总数。总数，顾名思义，就是各个数据相加得到的那个数字。计算总数，是计算平均数的第一步。然而，总数也有它自己的用处。例如，在比较两个同学的学习成绩时，通常的做法就是分别将他们的各科成绩相加，得到他们的总分成绩，也就是总数。然后，只要比较这两个总数的高低，就可以得到谁的学习成绩更加优秀了。

不妨设想一下，要是没有总数，那要怎么进行比较啊，所以说，总数在生活中也是非常有用的。只不过是我们早就习以为常，把这个概念忽略掉了。例如，当我们在超市购物时，那一车的商品，不同商品的价格各不相同。但是，在我们到了收银台之后，收银员就会将这些商品进行扫描，然后把各件商品的价格相加，得到一个总数，就是我们所要付的金额。

好了，不说这么简单的总数了，就连刚学完整数加法的小学生也知道计算简单的总数。继续说这一节的重点，也就是平均数。其实，我们经常用到的平均数，是我们小学时就已经学会的。将各个数相加得到一个总数，然后再除以这些数的个数，这时，就能够得到这些数据的平均数了。这样的计算步骤是不是我们在小学五六年级的时候就学习过呢。例如，我们只要拿到一个公司的员工工资统计表，就可以计算得到这家公司所有员工的平均工资是多少了。

其实，上面这种简单的平均数，在统计学中的全名叫做算术平均数，是各类平均数当中最简单、最常见的一种，能够适应于大多数需要平均数的情形。那么，问题来了，计算得到的算术平均数，对于我们有什么意义呢?

算术平均数的意义非常多，是我们分析数据、研究数据所不能够忽视的。

首先，算术平均数可以表示这个总体的一般状况，也就是这个总体里面的一般水平是怎样的。这样，一方面我们不用被那些极端情形所影响，用平常心看待问题。例如，在长跑中，往往看到有些人在最初的阶段速度特别快，好像对这场比赛志在必得，但是，这样的速度往往坚持不了多久。慢慢地，我们就会发现许多真正高水平的运动员并没有被那些人影响，他们坚持着自己的节奏，后来居上，最终赢得了比赛的胜利。其实，在这个比赛的过程中，比拼的就是平均速度。而那些最开始速度特别快的运动员，虽然他们在某一段时间内速度特别快，但是总体的平均速度没有跟上来，这才导致了失败。

另一方面，算术平均数也用来公平地比较两个总体之间的水平高低。为什么说平均数是公平的呢？我们不妨看一个例子，假设某所学校进行了一次数学测试，作为校长的你想了解各个班级之间的数学学习情况，给优秀的班级一些嘉奖，对那些落后的班级进行适当的告诫，那么，会选择怎样的评判方式呢？你想一下，各个班级之间的总人数是不一致的，如果只用总数进行比较，就会发现，那些人数较少的班级吃了大亏，那些人数多的班级根本不用担心这次评判。因此，计算各个班级的数学平均成绩，这样，才能够客观地看到各个班级的真实数学水平，并且进行公平的比较。

但是，为了防止“极端情形”对总体造成的影响，我们会在计算平均数时“掐头去尾”，最典型的应用场景就是评委打分的时候。无论是在电视里看到的那些选秀节目，还是自己参加的一些面试，都会发现评委或者面试官在打分之后，会去掉一个最低分和一个最高分，然后才在剩下的分数中计算平均分，作为选手或者应聘者的最终成绩。之所以这样做，无非就是想让选手或应聘者的成绩不受到极端情形的影响，得到一个比较科学和公平的分数。

如果不这样做，就有可能出现猫腻。例如，某位面试官与某个应聘者关系非常好，尽管应聘者的表现不好，他仍然给这位应聘者打了满分，这就拉高了这位应聘者的面试成绩，对于别人来说很不公平；如果某个评委仅仅是由于个人的喜好厌恶，对于舞台上的某位选手看不惯，而不是从客观的表现水平打分，就给这位选手一个零分，那么，这位选手的成绩就会被拉低，很有可能被淘汰，而这仅仅是因为没有迎合那位评委的个人口味造成的。

3.1.2 “知轻重”的加权平均数

好了，现在我们已经知道了算术平均数的计算方法和作用，但是，算术平均数也不是万能的，它也有一些局限性。例如，无论是公务员考试、研究生入学考试这种很严肃的全国性考试，还是各种类型的选秀活动和需要评分的综艺节目，都会发现往往需要不同的环节在最终的结果中所占的比重不一样，这时，如果还用算术平均数的办法就显得很死板了。例如，某个选秀节目，观众每一票的分量和在场评委的每一票显然是无法比较的，两者也不可能来进行算术平均。

那么，对于上面这些需要考虑权重的情形，又该怎样处理呢？

其实，权重就是事物所占的比例，往往用来衡量某个方面的重要性。不同重要性的事物，自然在整体中所占的权重是不一样的。重要的事物，在总体中所占的权重自然更大，影响力也就更大；而那些无关紧要的事物所占的权重自然较低。我们不能够再用算术平均数的方式来处理，但是，却可以计算得到它们的加权平均数。这样，我们才能够“知轻重”，对它们进行区别对待，得到的加权平均数也能够反映总体情况，就能够将这种复杂的情形又转化为一个简单的平均数了。

例如，在研究生入学考试中，小明的初试成绩是 360 分，复试成绩是 300 分，如果初试成绩在最后成绩中占的权重是 60%，而复试成绩在最后成绩中占的权重是 40%，那么，它的最终成绩是怎样的呢？显然，小明在研究生入学考试中的最终成绩就是：336（360 × 60%+300 × 40%=216+120）。最后得到的 336 就是小明各种成绩的一个加权平均数。

我们再来看一个更加复杂的求加权平均数的例子。例如，超市决定卖一种混合型糖果，它们是由三种不同类型的糖果混合而成的。其中，奶糖占了 40%，花生糖占了 40%，水果糖占了 20%。这三种糖果各自的价格也不一样，奶糖的价格是 30 元/千克，花生糖的价格是 25 元/千克，水果糖的价格是 20 元/千克。那么，如果你是超市的管理者，你将会给这种混合型的糖果定一个怎样的价格呢？

在这个问题中，知道了三种糖果所占的比例，其实就是它们在总体中所占的权重。因此，虽然我们不知道具体的数量，但是仍然可以用加权平均数的方法来得到混合型糖果的合理价格，也就是：26（30×40%+25×40%+20×20%=12+10+4）元/千克。所以，这种混合型糖果应该定价为26元/千克。

其实，加权平均数在本质上和算术平均数是一样的，都是总体的总数再除以个数，只不过是权重不同的情形下，各个权重比例相加等于1，这就意味着我们的总体个数默认为1，而权重也可以看作数量。更进一步，结合上面糖果的例子，我们还可以假设一共有100千克混合型糖果，那么，就可以得到奶糖共有40千克，花生糖共有40千克，而水果糖有20千克。这时，知道了各种糖果的具体数量，我们就可以按照算术平均数的方式来计算，得到这100千克混合型糖果的总价格是：2600（40×30+40×25+20×20）元，因此，混合型糖果的平均价格就是：26（2600÷100）元/千克，这个结果和我们计算的加权平均数是一致的。

3.1.3 “需要小心”的几何平均

在现实生活中，有时候也要计算一些更加特殊的平均数。例如，在一家公司里，财务人员可能需要计算公司过去几年营业额的平均增长率；人口普查时，需要计算不同地区过去几年的平均增长率；购买某些理财产品时，也需要比较不同产品每年的平均收益率是多少，然后选择收益更高的那种……

那么，对于这种“平均××率”的问题，应该怎样处理呢？

仔细分析，就可以发现，如果还按照前面的做法，那么，得到的结果往往是错误的。从大家都关心的理财说起，不同的理财产品的收益率是不同的，往往同一种理财产品在不同的时期内，它的收益率也是不同的，那么我们在进行投资时，应该做出怎样的抉择，从而让自己有限的资金能够获得最多的收益呢?

假设现在有两种理财产品供你选择，并且这两种理财产品的投资期限都是两年，也就是必须在两年之后才能够收回本金和收益。其中，第一种理财产品在第一年的收益率是 8%，在第二年的收益率是 10%，第一年的收益直接转化为第二年的本金；第二种理财产品在第一年的收益是 5%，第二年的收益是 13.1%，第一年的收益直接转化为第二年的本金。这时，你会选择哪种理财产品进行投资，从而让自己的收益达到最大呢?

我们来看看这两种理财产品，就可以发现第一种理财产品在第一年的收益要高一点，第二种理财产品在第二年的收益率更高一点。不少人可能犯迷糊了，要是有一种理财产品在两年的收益率都更高的话，那么就一定选它了，但是这种情形该怎么选呢?

首先，有些人可能想到了前面学过的算术平均数，既然第一年和第二年的收益率不同，分别计算它们的算术平均数，然后选择平均收益率更高的那种理财产品，不就可以了吗? 按照这样的方式，首先计算第一种理财产品两年的总收益率是：18%（8%+10%），那么每年的平均收益率是：9%（18% ÷ 2）。同样的，计算第二种理财产品的总收益率是：18.1%（5%+13.1%）它的平均收益率是：9.05%（18.1% ÷ 2）。显然，第二种理财产品的平均收益率更高，毫无疑问，我们应该选择第二种理财产品来投资。

上面的计算方式看似逻辑严密，其实是错误的。我们不妨假设每种理财产品都投资 1 万元，然后比较两年之后的收益高低，这样是必然不会出错的。计算得到第一种理财产品两年后的本金加收益是：11880（10000 × (1+8%) × (1+10%)）元。同样的，计算得到第二种理财产品两年后的本金加收益是：11875.5（10000 × (1+5%) × (1+13.1%)）元。通过比较就可以发现，第一种理财产品两年后的收益要高于第二种，上一段中得到的结果是错误的。

那么，为什么会出现这种情形呢？

这是因为两年的总收益率并不是简单地将每一年的收益率相加，由于第一年的收益会转化为第二年的本金，因此，两年的总收益率是相乘的，需要注意的是，要加上本金，也就是 1。例如，第一种理财产品两年后的总资金（本金和收益）增加的倍数是$(1+8\%)\times(1+10\%)$，那么，它在这两年的收益率就是：$(1+8\%)\times(1+10\%)-1$。同样的，第二种理财产品在这两年的收益率是：$(1+5\%)\times(1+13.1\%)-1$。这和前面简单地将每年的收益率相加是不同的。那么，既然已经知道了理财产品两年的总收益率，又应该怎样来计算每一年的平均收益率呢？

此时，不妨利用方程的思想，先假设一个未知数，然后列方程来进行求解。不妨假设第一种理财产品每年的平均收益率是 x，x 是一个百分数，同样是投资 10000 元。即可得到两年后的本金和收益是：$10000\cdot(1+x)\cdot(1+x)$，而前面得到的等式是：$10000\times(1+8\%)\times(1+10\%)$。因此，就可以得到：$10000\cdot(1+x)\cdot(1+x)=10000\times(1+8\%)\times(1+10\%)$，化简一下就得到了：$(1+x)^2=(1+8\%)\times(1+10\%)$。由于$x$必须是一个正数，所以最终得到了：$1+x=\sqrt{(1+8\%)(1+10\%)}$，即 x=9.00%，需要注意的是，这里只是一个近似数，x 的准确值不等于 9%。同样的，我们可以按照这种方法得到第二种理财产品每年的平均收益率是：8.97%（$\sqrt{(1+5\%)(1+13.1\%)}-1$），这个平均收益率也是略低于第一种理财产品的，因此，最好的投资选择是第一种理财产品。

那么，上面的方法中计算平均收益率有何特别的地方呢？

其实，在上面的计算过程中用到了几何平均数，它经常用于计算各种各样的平均率。在上面的计算过程中，$1+x$ 其实就是 1+8%和1+10%这两个数的几何平均数，它们表示的都是一种倍数。需要注意的是，这里只是两个数的几何平均数，所以只需要开二次根号就行了。可以得到几何平均数的一般公式：如果有 n 个数 x_1、x_2……x_n，那么，这 n 个数的几何平均数就是：$\sqrt[n]{x_1 \cdot x_2 \cdots x_n}$，这里的根号需要开 n 次方，因为有 n 个数。

为了进一步熟悉，我们还可以从商场里营业额的平均增长率来看，也就是下面这个案例。

由于电子商务平台的发展，线下的实体超市的营业受到了一定程度的影响。某个超市，过去三年内，每年的营业额增长率分别是：10%、8%、6%，那么，这家超市过去二年营业额在每年的平均增长率是多少呢？

显然，这又是一个牵扯到平均率的问题，可以用求几何平均数的方式，先求出每年增长的平均倍数，然后减去 1 就得到了每年的平均增长率。显然，这三年增加的倍数一共有：1.25928（$(1+10\%) \times (1+8\%) \times (1+6\%)$），也就是说，这家超市目前每年的营业额是过去三年营业额的 1.25928 倍。这时，再来求这三年的平均几何数：$\sqrt[3]{1.25928} = 1.0799$，这是一个近似数，也就是说，过去三年内，这家超市每年的营业额都是前一年的 1.0799 倍。显然，这家超市在过去三年内营业额的平均增长率是 7.99%。

3.1.4　“不偏不倚”的中位数

有些人可能会说，平均数真是讨厌，计算过程太复杂了，即使是最简单的算术平均数，也要先将各个个体的数据相加得到总数。再除以个数。并且，有些时候用平均数，也显得非常尴尬。我们可以从一节体育课上的经历来看看平均数的尴尬处境。

在某一节体育课上，老师们让同学们自己排成两队，前后各一支队伍，队伍的长度要保持一致。但是，老师看了看，发现这两支队伍当中的同学们身高参差不齐，队伍显得一点也不整齐，有的高个子同学站在了前面的队伍中，有些同学站在后面队伍，已经被前面的高个子同学挡住了视线。于是，老师决定自己来调整这两支队伍，让高个子同学尽可能地站在后面，其他同学依次站在前面。

这位体育老师刚刚学习了平均数，于是，他马上想到了一个好办法，就是计算出所有同学的平均身高，然后将那些在平均线以下的同学们排成前面的队伍，那些身高偏高、在平均线以上的同学排成一队，站在后面。同学们听着老师的指令，马上调整了队伍，可是，老师却发现前面的队伍人数多后面人数较少，里面站着几个快有 1.9 米的男同学。老师的调整没有成功，你知道他的问题出现在哪里了吗？他应该怎样调整队伍，才能达到理想的情形呢？

在上面这个案例中，仔细分析就可以发现，这位体育老师太执着于平均数了，以为平均数就能够将总体均匀地分开，所以才导致了调整队伍的失败。其实，平均数不一定能够解决体育老师的这种需求，并且平均数也需要进行比较复杂的计算。我们可以用一个更好更快的方法来解决，也就是计算所有同学身高的中位数，然后根据身高中位数把同学们分成两支队伍，身高大于中位数的同学站在后面，小于中位数的同学站在前面，这样就能够得到两支整齐的队伍。

中位数，也是统计学中的一个重要概念。顾名思义，它就是所有数字中最中间的那个。如果说所有的数据是一块大蛋糕，那么中位数就可以把这一块蛋糕均匀地分成两部分，其中，一部分是大于中位数的数据，一部分是小于中位数的数据，并且它们的数量是相等的。因此，中位数的作用就是用来均匀地划分总体数据，而不受到个别极端分子的影响。

那么，应该怎样来求中位数呢？

这里面需要考虑到总体的个数有多少，还拿上面体育课的例子来说。如果老师发现同学们的人数是奇数，那么，这是不可能完全组成两支等长的队伍的，因为会多出一个人。体育老师可以先让同学们按照身高由低到高排成一列，那么，所有同学们身高的中位数就是这一列队伍中最中间那个同学的身高。如果同学们的人数是偶数，那么同学们身高的中位数就是最中间的两位同学身高的平均数，这时，所有同学刚好可以被中位数分成两支长度相等的队伍。

总结起来，在寻找总体的中位数时，首先需要做的就是将各个数据按照从小到大或者从大到小的顺序进行排列。然后，再来看总体的个数到底是奇数还是偶数，如果是奇数，那么，选择这一列最中间的那个数据，就是总体的中位数；如果是偶数，选择这一列最中间的两个数据，但是需要注意的是，这两个数的平均数才是总体的中位数。

很多时候，我们往往把适应于中位数的情形交给平均数来解决，这是不恰当的。比较中位数和平均数：平均数反映的是总体的一般情况，也就是平均水平，这里面某个数据过高或者过低，都会对平均数产生一定的影响；中位数反映的是总体里最中间的水平，这里面即使某个数据高得离谱或者低得离谱，对于中位数都不会产生影响，只要它在总体数据中的位置还没有改变。例如，一个工厂里面的工资水平，如果只给少数几个经理加薪，而大多数基础岗位员工的工资不变，这时，员工工资的中位数是不会改变的，但是平均数仍然会提高。

3.1.5　“多数战胜少数”的众数

现在我们已经了解平均数和中位数了，还有一个很重要的统计概念，也经常在现实生活中用到，那就是众数。众数，其实就是一个“多数战胜少数”的统计术语。我们在投票的时候都知道，得票多者会获得最终的胜利，这里面的票数多者就可以称之为所有候选人中间的众数。

在这么多的统计概念中，众数尤其表现的是总体里面的大多数水平，这和平均数是有差别的。例如，我们可以从下面的例子中体会一下。在一次数学课堂测验中，老师一共出了 10 道填空题，答对一题得一分，不答或者打错均不得分。这时，小明发现自己这一组包括自己在内的 7 个同学，得分情况是：9 分、7 分、7 分、10 分、5 分、5 分、5 分，其中，6 分及其以上是及格。你知道小明这一组同学数学测验成绩的平均数、中位数和众数是多少吗？它们各有什么具体的含义呢？

首先，计算这一组同学的数学测验平均成绩。先计算得到这一组同学的数学测验总分是：48（9+7+7+10+3 × 5），再计算每个同学的平均得分是：6.86（47 ÷ 7）。

其次，计算这一组同学数学测验成绩的中位数。先将这一组同学的数学测验成绩按从小到大进行排列，得到：5、5、5、7、7、9、10。由于一共有 7 位同学，个数是奇数，所以选择最中间的成绩，也就是 7 分，这就是这一组同学数学测验成绩的中位数。

最后，计算这一组同学数学测验成绩的众数。通过比较可以发现，其中出现次数最多的分数是 5 分，一共出现过 3 次，所以可以得到众数就是 5 分。

总结起来，平均数代表了小组的一般水平，中位数代表了小组最中间的水平，众数才能够代表小组的多数人水平。从这里也可以看出，这个小组里还是有很大一部分同学的测验成绩是不及格的，这一点在众数中可以得到体现；而只看平均数和中位数的话，是看不到这一点的，因为它们都在及格线以上。所以，我们应该尽可能对数据进行多方面的分析，这样才能够得到一个比较准确合理的结论。

对于众数，还需要注意的是，往往在一个总体中，如果有好几个数据都是出现次数最多的，那么，这些数据都可以称之为总体中的众数。因此，对于平均数和中位数，显然只能有一个。

3.2　小心统计指标的陷阱

3.2.1　不要被总数欺骗了

很多时候，我们总有一种错觉，多的就是对的，大的就是好的。例如，看到某个楼盘开盘时，售楼处前围满了人群，是不是觉得那里的楼盘一定更好，也有想买房的冲动了；当看到别人家的孩子都上了某个培训班，作为家长的我们，迫不及待地想把自己的孩子也塞进去，生怕自家的孩子因此输在起跑线上；在微信朋友圈里，许多人看到一篇“马云告诉你三个成功的秘诀”，一看阅读数达到了 10 万以上，不管内容怎样，先转了再说吧；在知乎社区上，一看到某些个回答的赞同数量达到了一千，是不是就觉得这些回答真的很赞呢，然后又继续给它们点赞……

数据是很苍白的，它有时候可以用来说明某些问题，也有可能掩盖了一些问题。数据是无力的，无论什么时候，它只是摆在那里，其中的结论需要我们自己来寻找。如果把那些数据直接当做某个绝对的标签，就大错特错了。

在统计的时候，我们总会将数据进行汇总，最后得到一个具体的总数。例如，前面例子中的人群人数、上培训班的孩子人数、一篇微信文章的阅读数、一个知乎回答的获赞数等，这些都可以说是总数。

这些总数往往具有极大的号召力和感染力。但是，总数不能够绝对地体现某些性质。例如，楼盘的售楼处前面，人群多未必真实的成交量就更多，这两者是不能够划等号的，但是，在我们的心中，往往把这个总数当作楼盘畅销的依据；培训班的人数很多，可以体现这个培训班的教学质量，但是，如果要说两者一定能够划等号，这也是不科学的，也有可能是培训班的营销手段更好，从而招来了更多的学生；微信朋友圈里，阅读人数很多不一定就等同于这篇文章写得更好，有可能这篇文章刷了点击量，或者营销做得好；知乎中获得赞更多的回答，并不能够等同于这个答案真的有帮助，或许只是回答者本身人气高造成的……

总之，总数在统计的时候是一个非常重要的数据。根据总数，也确实能够得出一些结论，但是，如果只是单纯地考虑总数，将总数看得过于绝对，是不可取的，这样往往会被一些别有用心的总数忽悠。

那么，应该怎样正确看待统计得到的总数呢？

我们要认识到总数只是客观的事实，有条件的话要深入调查，仔细分析，才能够得到相对准确的信息，从而不被表面的总数迷惑。因此，在很多时候，最好还是了解多方面的数据，再给事物的性质做出自己的判断。

例如，在上面的那些情形中，我们不能只看到人家给你展示的或者道听途说的一些总数，而应该多花点工夫去挖掘其他数据，这样才不会被表面现象迷惑。例如，当我们在楼盘开盘那天来到售楼处时，除了看人群的数量，也需要注意真实的成交量，最好去仔细看看购房合同和房子质量；当我们看到许多小孩都去了某个培训机构时，可以看看这家培训机构的宣传和价格怎么样，到底是哪些因素吸引了这么多人，再考虑要不要让自家孩子去；当我们看到微信上的热门文章、知乎上的热门回答时，一定要保持自己的判断力，不能人云亦云，仔细判断质量怎样，是否对自己有帮助。

3.2.2　你的工资被平均了吗

现在我们已经知道了平均数的作用，平均数往往用来衡量一个总体在某方面的特征。例如，一个班级所有同学的英语成绩的平均数就能够代表这个班级的英语成绩；如果要比较两个不同班级的英语成绩，那么，绝大多数情况下都会比较这两个班的平均英语成绩。

但是，平均数真的如我们想象的那样，能够代表总体，能够让总体里面的大多数感到认同吗?

对于上面这个问题，如果你的回答是肯定的，并且也觉得和平均数差不多的一定占到这个总体里的多数，那么，你就容易被平均数欺骗了，一不留神，你就会发现原来我还在平均数以下，这不得不让人产生一种莫名的失落感。

例如，有统计数据表示，在 2016 年第二个季度，全国 34 个主要城市的在线职位平均薪酬为 7233 元/月。其中，北京以 9240 元/月位居榜首，上海以 8962 元/月排第二，深圳以 8315 元/月排第三。

这份数据能够让大多数人认同吗?

这份统计数据一登上各大门户网站的新闻频道就引来了许多网友的围观，大多数网友左看右看都觉得自己拉了后腿，还扬言要让老板看看这份统计数据，让老板给自己加薪。当然，这只是网友们的一些玩笑话，但是，细想起来，网友们的评论也是事实，发言的网友也不是少数。看着新闻下面密密麻麻的评论，不禁让人感觉到，是不是统计数据出了差错，还是这些网友的工资都被统计人员忽视了?

其实不然，统计的工作必然是严格地按照抽样调查的方式进行的，统计数据不太可能出现什么错误，这些在平均线以下网友的工资也不会被统计人员忽视，至于大多数网友觉得自己在工资方面拖了后腿，这正是“平均数”捣的鬼。

你想，这份统计数据都是平均出来的，这本身没有问题。问题正是多数人平均了少数人，还是极少数人平均了大多数人。仅仅只看到一个平均数，并不能了解到大致有多少人是在平均线以下，也就是“被平均”了，有多少人在平均线以上，是做“领头羊”，甚至都无法确定接近平均线的人数是不是占到了大多数。也就是说，平均数，值得我们参考，但是，如果要用平均数来代表总体中的大多数，这是不合适的。所以，当看到自己的工资条不及网上统计的平均工资时，没必要放在心上，可能你的工资仍然在大多数人之上。

为什么你的实际工资会“被平均”，统计的平均工资会高于大多数人的实际工资呢?

首先，一个主要原因就是工资极度不均衡造成的。

我们都知道，一个人的工资水平往往和职业的发展有关系。职业发展是呈金字塔形状的，越往高处，对于工作的要求越高，人数越少，工资也就越高，和金字塔底层的工资几乎不在一个数量级别；而在金字塔的底层，工作的门槛较低，这些位置从业人员的数量远大于金字塔顶端的人数，工资相对来说一般或者很低。

为了简化，不妨举一个例子。例如，在一个工厂里面，一共有 10 位员工，其中一位是经理，另外 9 位是员工。显然，经理的工资要比员工高，假设员工的工资是 4000 元/月，经理的工资是 14000 元/月，这个时候就可以得到他们的总工资：50000（$4000\times 9+14000\times 1$）元，再来算一算平均工资：5000（$50000\div 10$）元。这时，也就得到了这家工厂 10 个员工的平均工资就是 5000 元。然而，细心的读者就会发现，这个工厂里面的 9 个工人的工资都是 4000 元，只有经理一人的工资是在 5000 元以上，这也就是说，工厂里面绝大多数员工的工资都在平均线以下。

从上面这个例子可以看出，分布极度不均衡的总体，会让平均数失去了代表大多数人的权利，造成总体中的大多数都比平均数较低，而不是以平均数为中心。回到网上的统计结果，就是因为前面那部分人的高工资拉高了总体的平均数，从而让许多人感觉到自己的工资拉了后腿。

其次，这是由抽样的偏差引起的。

许多网友一见到平均工资都这么高了，第一反应就是自己被忽视了，自己的“低工资”并没有被考虑到其中。其实，并不是没有考虑，而是存在抽样的偏差。毕竟，人家统计结果的时候没有必要一个一个地问，而是以单位为整体，从各个企业上报的数据中进行抽样调查。那么，问题来了，如果企业没有上报，或者，你是一个自由职业者，就无法获得你的工资情况了，也就是说，你的工资不会被计算进去。

然而，需要注意的是，往往那些上报员工数据的企业都是一些国企、大型企业等正规、优质企业，这里涉及的职工，虽然相对于总体来说，人数比较少，但是，往往这些人的工资都较高，都是在抽样调查的范围内，他们的工资都被考虑进来了；反过来，而那些无法获得个人工资数据的，他们的就业单位相对来说没有前者那么好，工资水平普遍比前者低，他们的工资都没能够计算进来。这么一进一出，必然会导致总体的平均工资高于大多数人的预期。

最后，平均工资还包含了奖金。

如果说，平均工资不包括奖金收入，仅仅由纯工资来衡量人们的收入状况是不太恰当的，因为对许多人来说，那些重要的奖金，往往是工作收入不可忽视的一部分，例如年终奖和绩效奖。但是，人们在谈到工资的时候，习惯性地没有把自己的年终奖考虑在内。然而，统计平均工资时，这些都是计算在内的。因此，我们看到的平均工资比实际工资高，也就不足为奇了。

既然平均数中存在这么大的猫腻，那么，还有哪些数据可以反映普遍收入?

除了平均数，我们还了解过中位数和众数，其实，说到反映总体的大多数情况，这两个的作用都远远好于平均数。对于中位数，我们都知道，它是总体数据依次从低到高排列之后处于最中间位置的那个数，高于中位数的个体数量和低于中位数的个体数量是相等的。如果得到工资数据的中位数，那么，它就反映了社会工资的一般状况。只要拿自己的工资和这个中位数进行比较，就能够很好地反映我们的工资是处于什么样的水平，究竟是处于上层还是处于下层，这比摸不着头脑的平均数要好多了。

还有众数，也就是总体中出现次数最多的数字。由于工资的数据各不相同，可以将不同数额的工资划分为一个个区间，再来看看哪个区间里的人员数量最多，那么，这个区间范围就相当于总体工资数据中的众数了，它就能够很好地反映普遍的工资状况。这个也比平均数靠谱多了。

那么，工资平均数既不能代表大多数人，也无法作为比较工资的参考依据，过高的平均工资还打击了我们的信心，它真的就一无是处吗?

其实不是这样的，平均工资还是有很重要的作用。不得不说的一个重要作用就是为政府制定政策提供依据，例如，五险一金的收费标准等。总之，千万不要拿自己的工资和平均工资进行比较，没必要较这个劲。

3.2.3　坐飞机真的越来越危险了吗

不知什么时候开始，人们已经担心坐飞机的安全问题了，似乎对这种最贵的交通方式还放不下心。相对的是，坐在汽车车厢里玩着手机的乘客，就丝毫没有这种担心，他们担心的只是前面会不会堵车。

难道坐飞机真的很危险吗？有人心里面会有这个疑惑，觉得坐飞机出行很危险。但是实际上，飞机出行要比汽车出行更加安全。如果有人在你面前提到飞机出行更加危险的时候，不妨再反问一句：为什么？

你一定会听到他口中关于各种空难的新闻，把这些航空史上的悲剧事件一个个翻出来，如果中国的没有，那么，就能够找到外国的，如果最近两个月没有，那么，至少也能够找到一年前的。

如果你再问他：出事的乘客多不多？

他一定会表现出很惋惜的神情，告诉你出事后死亡的乘客太多了，如果是坠机事故，就更加恐怖，基本上是无一生还。一般的飞机出事都会当做新闻来报道，你说说，飞机出事了严不严重？伤亡大不大？

如果你继续问他：那么每年到底是因为车祸的死亡人数多，还是因为飞机出事造成的死亡人数更多呢？

他一定会想了想，然后不得不说出一个事实，飞机出事的死亡人数应该没有车祸造成的那么多。但是，他仍然会坚持飞机更危险的观点，因为他发现了一个有力的依据，可以用来应对这种不利的事实。他会这样解释：全世界的汽车那么多，车辆那么多，相比较而言，人们接触飞机时间就远远没有汽车那么多，即使从里程的角度来看，全球汽车的总里程也比所有飞机的里程要高，因此，车祸造成的死亡人数比汽车要高，也就不足为奇了。

由于汽车的驾驶时间和行驶里程都比飞机多，并且车祸造成的人员死亡数量也比飞机出事多，是无法比较这两种交通工具的安全性的。然而，你仍然可以用平均数来结束这一场辩驳，可以这么说，平均数非常适合用于两个范围不同的总体之间的比较。在这里，有数据表明，即使考虑每一小时的平均死亡人数和每一万公里的平均死亡人数，飞机出行的死亡人数也比汽车要低。

这样，这一场关于飞机和汽车谁更安全的争辩就到此结束了。但是，需要注意的是，飞机一旦出现事故，对于飞机上的所有乘客和他们的家庭来说，将是一场严重的灾难；而对于汽车，出现车祸不会造成那么大的伤害。

至于有些人为什么会认为飞机出行更加危险，汽车出行更加安全呢?

这正是因为飞机出行过程中，一旦出现事故，必然成为焦点事件登上各大新闻媒体，博得更多的眼球，引进人们更多的注意。而在日常生活中，我们对于车祸的发生并没有前面那么敏感，一些比较小的车祸事件根本不会引起新闻媒体的注意。这么一来，所以有些人就形成了一种“飞机出行更加危险”的错觉。

从上面这个例子中就可以看出，在日常生活中，学会统计学的知识，靠数据来说话，往往能够得到一些“反直觉”的结论。如果缺乏统计思想，不能认识到数据的作用，在思考时往往会被个人的情绪所影响，得到的结论看似正确，其实是错误的。

3.2.4 打折背后的统计学问

在日常生活中，当我们走在大街上的时候，总会看到各种各样的打折活动，例如，某个服装店里的衣服打 8 折出售，某个手机店里面的几款手机打 9 折出售……其实，不止是线下的实体店，打折最厉害的还数电子商务网站上的那些店铺了：各种各样的零食打 6 折出售，还不忘说一句满 50 就包邮；各种各样图书的价格都低到了 5 折，还有服装更是折扣不断……

这时，顾客享受着这样的折扣优惠，将自己的购物车装满，体验着消费的快感，而商家表面上表现出来一副顾客就是上帝，自己已然亏本的姿态，暗地里却赚个盘满钵满，双方似乎达到了一种你情我愿般的默契。

有句话说得好，羊毛出在羊身上。不管时代怎么变迁，商家似乎永远比顾客要技高一筹，处于这场买卖博弈的优势地位。而这个折扣，只不过是商家和广大的顾客玩起了一场关于统计的数字游戏，形式多样，但没有疑问的是，游戏的胜利者仍然是商家。

从统计学的角度来说，商家在打折的游戏里偷换了一个重要的数字——商品的价格基数，从而让一个我们都关心的相对数——折扣，变得更加好看了。然后，我们这些顾客就能够如商家所愿，进入了商家们事先设好的套路之中。

价格基数指的就是商品打折前的价格，例如，如果一双鞋子打折前的价格是 625 元，那么，它的价格基数就是 625。这里面的相对数就是商品的折扣，一般都用百分比来表示。我们应该知道相对数是怎么来的了，即变化后的数除以原来的基数得到的。在这里，如果这双鞋子打折之后只卖 500 元，那么，它的相对数就是：80%（500 ÷ 625 × 100%），折扣也就是 8 折。

假设上面的这双鞋子卖 500 元，商家仍然能够赚得可观的利润，那么，商家还可以用什么样的手段来刺激顾客的消费，让顾客买这双鞋呢？如果你认为商家会再降价，或许会以 450 元的价格卖出去来吸引顾客，那么，这样的想法商家并不会采纳。他们并不打算让出这 50 元的利润，让价格变成 450 元/双。相反，商家会先提高原价，偷偷改掉原来的价格，例如，把原价标到800元/双。然后，维持现在的价格500元不变，这样，得到的商品价格的相对数就是：62.5%（500 ÷ 800 × 100%），也就是折扣在 6 折左右。

接下来，商家所要做得事情就是向顾客推销，一定要提到这双鞋的折扣是 6 折，不能够再低了，鼓吹错过了别后悔。再回过头来，一双打 8 折的鞋和一双打 6 折的鞋，它们打完折的价格一致，那么，哪一双鞋子会让你更心动呢？如果不懂得上面的分析，是不是会毫不犹豫地选择后者呢？这就是统计学偷梁换柱的奥秘。

3.2.5　用统计学解读物价指数 CPI

当我们听到 CPI 的时候，一些比较关心财经的人就会想到，这不就是消费物价指数嘛，说的是一个反映居民家庭一般所购买的消费价格水平变动情况的宏观经济指标。那么，CPI 到底体现在生活中的哪些方面，有没有例子来说明 CPI 对我们生活的影响呢？对于这个问题，大多数人都会皱着眉头，一时不知道从什么地方说起。

和 GDP（国民生产总值）一样，CPI 是一个宏观的数字，是一个经过统计的结果。对于这些经过统计得到的宏观数据，我们往往一时间难以理解它的具体作用，可以先从具体事例来进行深入的了解，就没有那么抽象，变得具体了。

CPI 是一个反映人们日常消费情况的重要指标，从学术意义上来看，它反映的是日常消费总体上的通货膨胀水平，通俗地说，CPI 就是今年买的东西和去年相比怎么样，从 CPI 就可以得到今年的商品比去年的商品贵了或者便宜了多少。

CPI=去年商品的价格 ÷ 今年商品的价格 × 100%

当然，CPI 的数字并不是指具体的价钱，它指的是一个百分比。如果 CPI 指数大于 100%，就说明今年的商品比去年的要贵了；相反，如果 CPI 指数小于 100%，就说明今年的商品比去年的要便宜了。这样，是不是很好理解 CPI 了呢？

我们不妨先考虑最简单的情况，如果只有一种商品就好办了。例如，去年这件商品的价格是 100 元，今年这件商品的价格变为 120 元，那么，此时的 CPI 指数就是：120%（120 ÷ 100 × 100%），意味着今年的商品比去年的价格贵了20%。

但是，在现实世界中，日常需要的商品多种多样，衣食住行都需要消费，还有医药、数码等方面的消费。如果要来计算 CPI，你可能又会犯迷糊了。在这么多的商品中，有的商品的价格上涨了，如大米、猪肉等，有的商品的价格却不断下降，如智能手机、笔记本电脑等。总的来说，商品的种类繁多，不同商品的价格变化也各不相同。那么，怎么从不同种类的商品中考虑到不同的价格变化，才能够得到 CPI，并且用这个 CPI 指数来衡量总体上的物价水平呢？

这时，就需要用到了统计学中的知识了。我们需要对整个国家人们的消费总量进行分析，调查不同的商品在这个消费总量里所占的比例是多少，然后按照这个比例结构进行计算，才能够得到最终的 CPI 的值。从本质上来说，这时的 CPI 其实是一个平均值，意味着所有商品价格的平均增长率。例如，如果 CPI 的值是 107，就意味着平均起来。原来 100 元的商品，现在需要用 107 元来购买，也就得到了今年的商品平均价格比去年增加了 7%。需要注意的是，这个 7%只是一个平均数，并不是说所有的商品价格都上涨了这么多，在这背后，有些涨价的幅度更大，有些涨价的幅度更小，甚至价格下跌。

对于 CPI 的值，如果仅仅只了解表面的数字，是远远不够的，因为，在计算 CPI 的背后，隐藏着一个非常重要的条件——不同商品的比例结构。这个比例结构非常重要，往往决定了 CPI 的参考价值。在统计中，这个比例结构都是按照人们的总消费情况来制定的。

但是，对于两个不同的人来说，他们的喜好和个人习惯都是不同的，这就造成了他们对于商品的消费量是不同的，会出现各自的偏好，尤其是在同一类商品中，例如，有人喜欢面条，有人喜欢米饭。这样，也就得到他们两个人各自对商品的消费结构是不同的，因此，从各自的角度来看，物价的上涨比例也是不同的。例如，如果面条涨价了，大米没怎么涨，显然，在喜欢吃面条的人眼中，物价涨得更厉害一些。但是，我们都知道商品的涨价是客观的，只是每个人眼中的感觉不同。

更进一步，对于某个人来说，我们还可以根据他的消费情况，单独计算出一个物价上涨比例，当然，这个比例仅仅是对他而言的，对于其他消费结构不同的人没有参考价值。通过下面这个例子来进一步体会，不同的人眼中物价上涨的比例是不同的。

现在有小明和小王两个人，他们每天都要到同一个菜市场买菜，每次购买的都是猪肉和白菜。但是，这两个人的喜好有所不同：小明喜欢吃肉，小王平时蔬菜吃得更多一点。不妨假设小明一个月消费 10 斤猪肉 2 斤白菜，而小王在一个月内消费 3 斤猪肉和 12 斤白菜。今年猪肉的价格是 18 元/斤，白菜的价格是 2 元/斤，可以得到两个人的花费，其中小明的花费是：184（$10\times18+2\times2$）元，小王的花费是：78（$3\times18+12\times2$）元。

更进一步，我们找出去年这一时期，小明和小王两人在这个菜市场买猪肉和白菜的价格，发现猪肉的价格要便宜些，是 15 元/斤，白菜的价格不变，同样是 2 元/斤。这时，我们同样可以得到小明和小王去年这一时期的花费，其中，小明的花费是：154（$10\times15+2\times2$）元，小王的花费是：69（3 × 15+12 × 2）元。再和上面的花费进行比较，就可以得到各自眼中的物价上涨程度了。对于小明来说，物价上涨的百分比是：19.5%（184 ÷ 154−1）；对于小王来说，物价上涨的百分比是：13.0%（78 ÷ 69−1）。从这个结果就可以看出，小明眼中物价上涨得更多，小王眼中物价上涨的程度较低。

总结起来可以得到，对于不同的个体来说，由于各自的消费结构不同，他们眼中的物价变化各不相同。而 CPI 是通过抽样调查得到的一个反映总体水平的平均值，只能用来描述总体物价的变化程度。

第4章 统计中的抽签——抽样调查

在日常生活中，很多时候，我们不可能将所有的数据都收集完整，毕竟要想收集完总体的所有数据是一件过于费时费力的事情，甚至是一件几乎不可能完成的事。这时，抽样调查就成为了我们不得不选择的一种方法，可喜的是，恰当的抽样调查得到的样本数据也能够反映出总体的数据情况，具有十分重要的参考价值。然而，抽取的样本如果不科学，那么，最终得到的数据就会偏离总体情况，给人带来误导。因此，怎样恰当地选择样本，成为了抽样调查的最重要问题。

4.1　花式繁多的抽样调查

对于抽样调查，其实大家并不陌生。例如，如果你在一家快消品公司的市场部上班，你要收集某一城市的用户对公司产品的反馈，这时就不得不用抽样调查的方式来收集这些数据，毕竟收集每一个用户的反馈数据是一件成本过高的事情。然而，大家比较陌生的是抽样调查的不同方法，在不同的场合进行抽样调查，往往需要采用不同的方法抽取样本，这样才能够确保最终的样本能够比较准确地反映总体。

4.1.1　最简单的抽样调查——简单随机抽样

许多人对于抽样调查的了解，就觉得它类似于抽签一样，无非就是从一大堆里随便抽几个出来，也就构成统计学所说的样本，接着，只要研究这个样本就够了，因为它是随机抽取得到的，能够用来代替总体。

其实，上面的说法是不恰当的，是片面的。这样的抽样调查，其实只是抽样调查里一种最简单的抽样方法，在统计学中，我们把它叫做简单随机抽样。就和它的名字一样，简单随机抽样，是非常简单的，就是随机地从总体里抽取一些个体组成样本。

由于简单随机抽样的做法简便，应用非常广泛，可以说是所有抽样调查方法中最常见的了，正因为如此，所以才有了上面的误解，让许多人对其他的抽样方法视而不见。简单随机抽样最主要的特点就是要足够随机，要有“出其不意”的意思。现实生活中的一些趣事，其本质也是一次简单随机抽样。例如，以前读高中的时候，同学们晚上在教室里自习，老师给同学们安排了作业就离开了。通常，负责的班主任往往有几次偷偷地来到教室后面的窗户旁边，看看同学们的纪律怎样，哪些同学在捣蛋。这时，班主任的做法就是简单随机抽样，他不需要在整个自习期间都来监督同学们，只需要出其不意地来几次，就能够将同学的自习情况摸得一清二楚了。

在各个领域中，几乎都要用到简单随机抽样，以至于大家都觉得它不再是统计学里面的专有名词了。但是，所有的简单随机抽样，需要注意的地方是一样的。除了要随机以外，还需要考虑抽样的数量，得到的样本容量一定要是合适的，不能过小，也不要太大了。例如，工厂里面某些产品的质量检测，尤其是那些产量较高的产品，就需要用简单随机抽样来进行检测，得到的结论就可以用来评估某一条生产线或者某个工人的工作质量。如果不随机抽样的话，就很容易被人找到应付的方法，从而让整个质量检测和监督机制形同虚设。因此，在抽样检测的时候，所选择的产品数量一定要合适，不能够过少，这样容易形成漏网之鱼，也不能太大了，那样带来的人力成本又过高。

当然，简单随机抽样的例子还有许多。例如，买零食的时候，有些导购员会推荐我们试吃，先随便挑一个，尝尝味道如何才决定是否购买，这也可以说是一个简单随机抽样。总结起来，简单随机抽样只是抽样调查中的一种方法，而不是其全部，它的主要特点就只有足够随机。只要把握了随机的特点，抽样的数量合适，这样既省时省力，最后得到的样本数据也能够很好地反映总体。

4.1.2　更加均匀的分层抽样

为什么需要各种抽样的方法呢？正是因为我们用得最多的简单随

机抽样不是万能的，它也有自己明显的缺陷，不能够适应于所有的场景中。在某些场景下，我们会有这样的担忧，觉得仅仅用简单随机抽样会不会不妥呢？

例如，某市有 300 所小学，共有 240000 名学生，这些小学分布在全市 5 个行政区中。其中重点小学有 30 所、一般小学有 240 所、较差的小学有 30 所，每所学校的学生数量大致相同。现在要从全市小学生中抽取 1200 名学生进行调查，以了解全市小学生的学习情况。那么，应该怎样来选择样本呢？

这个时候，如果是在这 24000 名学生中进行简单随机抽样，得到那 1200 个样本，就有可能出现这样的尴尬情况：这 1200 个样本几乎全部来自一般小学和较差的小学，而那 30 所重点小学中几乎没有人出现在这次调查的样本之中。这个尴尬情形造成的后果就是：通过调查得到的全市小学生的学习情况比实际情况要差些。很明显地，这个调查得到的结果忽视了那 30 所重点小学的学生学习情况，从而造成了这样的错误结论。

因此，从上面这个例子就可以看出，通过简单随机抽样有时候并不能得到合适的样本，只用简单随机抽样会带来不够准确甚至可能错误的结论。那么，对于上面这个困境，又该选择怎样的抽样方法选取样本呢？

其实，遇到上面这种情形，可以采取分层抽样的方法来选择 1200 名学生作为统计的样本，它能够很好地解决简单随机抽样的尴尬之处。对于分层抽样，通俗来说，它只是比前面提到的简单随机抽样多了一个步骤，也就是分层。通常都是按照一定的依据将总体分成不同的层次，分层过后，然后再按照不同层次的比例，在各个层次里进行简单随机抽样。最后，从各个层次中抽样得到的样本也就构成了总体的样本了。因此，这里面的关键步骤就是如何分层，然后按比例在不同的层次进行简单随机抽样，尤其需要注意的是分层一定要合理。

我们不妨回到上面的问题，在这个问题中，要想通过分层抽样得到一个合适的样本，就需要进行下面三个步骤。

第一步：根据合适的依据将总体划分层次。

上面这个问题中一共有 300 所学校，并且这些学校划分在 5 个不同的行政区，并且分成了 3 个不同的等级。我们分层的依据当然是学校的等级，而不是行政区。为什么呢？这是因为相较于不同的行政区，在不同级别的学校中，学生的学习情况差别更大，例如重点小学和较差的小学。

第二步：根据比例确定各个层次所要抽样的数量。

既然已经合理地把总体划分了层次，这个时候就需要在各个层次里进行简单随机抽样，但是每个层次所要抽取的样本数量并不是相等的，而是按照比例得到的。这个比例就是总体里各个层次所占的比例。在上面这个问题中，这三个等级的学校各自所占的比例是 30:240:30，也就是 1:8:1，所以，在分配样本数量时就应该按照这个比例。由于样本总数规定是 1200，也就得到在重点小学里抽取的学生数量是：120（$1200 \times 1 \div (1+8+1)$），在一般小学里抽取的学生数量是：960（$1200 \times 8 \div 10$），在较差的小学里面抽取的学生数量是：120（$1200 \times 1 \div 10$）。

第三步：在各个层次分别进行简单随机抽样。

简单随机抽样只能作为分层抽样的最后一个步骤，是在不同的层次里分开进行的，互不干扰。正因为如此，分层抽样就能够避免前面那样的尴尬情形，确保样本能够包含总体的各个层次，得到的结论就不太可能会有严重的偏向。对于上面这个问题，通过分层抽样，得到的这 1200 名学生，组成的样本就能够全面反映该市所有小学生的学习情况了。

通过比较简单随机抽样和分层抽样可以发现，分层抽样具有的优点是样本的代表性比较好，抽样误差比较小；缺点则是抽样手续较简单随机抽样要繁杂些，尤其是分层不当的时候得到的数据未必比简单随机抽样更加准确。

再回过头来看看，分层抽样通常都是适应于总体中出现不均衡现象的时候。例如，上面这个问题中，很明显，一所重点小学里面学习情况好的学生更多，同样，一所较差的小学里面大多数学生的学习情况都不容乐观。所以，如果采用分层的方法，就能够很好地得到反映总体的样本。

4.1.3 以小组为单位的整群抽样

回忆起来，大家都有过被老师抽查家庭作业的经历。在小学的时候，如果一个班级人数有 60 多个，老师每天检查同学们的家庭作业就是一件非常辛苦的事情。那么，老师们都是怎样来摸清同学们的作业完成情况呢?

许多老师都是采取抽查的方式来进行监督。抽查作业的时候，通常的做法都是这样的：老师事先不公布，在当天随机选择几个小组，只检查这几个小组所有同学的家庭作业。然后，老师会认真分析这些同学家庭作业的完成情况，看看哪些问题是大多数同学都遇到的，哪些问题又是大多数同学都能够解决的。根据这些情况，老师就能够很好地了解全班同学的作业完成情况了，从而为接下来的教学提供参考。

看了上面这个熟悉的例子，是不是觉得这和我们前面学过的分层抽样类似，但是仔细一看，却又有各自不同的地方。并且，老师的这种做法更像是一种特别的简单随机抽样。其实，在统计学中，老师的这种抽样方法有一个专门的名词来概括——整群抽样。

那么，到底什么是整群抽样呢？在统计学中，整群抽样又叫做聚类抽样。具体的做法可以分为下面这两个步骤。

第一步：先将总体中的个体分成一个个集合，这些集合都是互不交叉，并且没有重复，这样的集合都称之为群。例如，老师在抽查作业时同学们已经分成了不同的小组，明显地，每个同学只能在一个小组里，所以，这些小组也就是作为整群抽样中的群。只不过，这些群是在老师抽查作业时就已经分好了的。

第二步：就在总体分好群之后，就以群为单位进行简单随机抽样，抽到的群中所有的个体就构成了样本。例如，老师抽查作业时，事先并不公布要检查的小组，而是在当天随机选择几个小组，这就是以组（也就是群）为单位进行的简单随机抽样。接着，老师所检查的是抽中的小组（也就是群）里所有同学的作业，这些同学就是老师这次抽查作业的样本，他们的作业完成情况就能够很好地反映出全班同学（也就是总体）的情况。

现在，是不是对整群抽样有了基本的了解，知道整群抽样和分层抽样、简单随机抽样之间的区别了。简单随机抽样，确实是最简单的，只需要一步就能够做到，既不要划分层次，也不要划分群，对于分层抽样和整群抽样，它们的第一步都需要对总体进行划分，当然，划分的依据和得到的结果是不同的。

对于分层抽样，需要将样本按照各层次的比例进行分配，需要深入到每一个层次里进行简单随机抽样。但是，对于整群抽样，只需要以群为单位，也就是给各个群编号，进行简单随机抽样即可，只需要抽出部分群。这就不需要接触到所有的群，这是和分层抽样不同的一个地方。还有，对于整群抽样时抽中的群，和分层抽样不同，我们无需再在群里进行抽样了，这又是一个不同之处。

需要注意的是，整群抽样和前面两种抽样方法一样，也有它的优点和局限性。它的优点就显而易见了，除了划分群的时候复杂点，其他环节都是非常简便的，例如，老师抽查作业时随机抽几个小组，就比随机抽几十名学生要简单多了。至于局限性，就是各个群之间一定要是差不多的，要显得均衡。例如，如果班上的小组之间，学习成绩差异明显，那么老师还能够随机抽几个小组来检查作业吗？显然，这是不能的。如果抽中的全是学习成绩较好的小组，那么得到的结论就要偏离真实情况，这就说明选取的样本是不恰当的，抽样的方法不合理。

在实际的应用过程中，总体数量过大时，整群抽样又进一步演变为了多阶段抽样。顾名思义，也就是抽样完之后再进行抽样等，在多个阶段都有抽样。通常的做法就是，在随机抽中的各个群里再进行简单随机抽样，选取一定数量的样本。最后，各个群里的样本就组成了总体的样本。一个简单的例子就是，老师为了进一步减轻自己检查作业的负担，在随机抽中几个小组之后，再在每个小组里面随机抽中几位同学，只检查这些同学的家庭作业。这样的抽样调查就是一个典型的多阶段抽样。

4.1.4 非随机的等距抽样

上面说到的几种抽样方式，都需要用到随机抽样，但并不是在所有的抽样中都需要这点，如等距抽样，也是一种效果不错却不需要随机的抽样方式。说到等距抽样，怎样理解等距呢?

其实，最好的例子就是三个人在玩斗地主的时候，往往第一张牌给第一位玩家、第二张牌给第二位玩家、第三张牌给第三位玩家、第四张牌又给第一位玩家，以此类推。如果只看第一位玩家，那么，除了那些底牌，他拿到的就是第一张牌、第四张牌、第七张牌……这些编号之间都隔了相同的距离，也就是 3。同样，对于第二位玩家和第三位玩家也是如此。因此，我们就可以说，这样的分牌方式是等距的。

等距抽样，就意味着给总体里的个体从小到大依次进行编号，然后先随机抽一个号码，接着就按照相同的距离依次进行抽样。当然，这只是对等距抽样思想的一个大致描述。在统计学中，对于等距抽样有一个比较严格的规定，它也称为系统抽样。等距抽样的做法是这样的：首先是将总体中各单位按一定顺序排列，再根据样本容量要求确定抽选间隔，然后随机确定起点，每隔一定的间隔抽取一个单位的一种抽样方式。例如，对于一个总体，先从 $1\sim N$ 相继编号，并计算得到抽样的距离 $K=N/n$，其中 N 为总体单位总数，n 为样本容量。然后，在 $1\sim K$ 中抽一随机数 $k1$，作为样本的第一个单位，接着取 $k1+K$, $k1+2K$……，直至抽够 n 个单位为止。这时抽到的这 n 个单位就构成了样本。

因此，前面例子中的老师在检查作业的时候，同样可以用等距抽样的办法。他可以让班里学号为 3 的倍数的同学交作业，然后检查这些同学的作业完成情况，这样也能摸清楚全班同学的总体情况。这是因为学生的学号是连续的，正好可以作为这次抽样中同学的编号，只抽取为 3 的倍数的学号，也就意味着这些学号之间的距离都是 3，因此，老师这样的抽样方式就是一个典型的等距抽样。

4.2 想不到的各种抽样调查

4.2.1 调查全国 1%人口的“小普查”

我国的人口普查，其本质就是一项典型的统计调查活动。每到了人口普查的时候，国家都会在统一规定的时间内，按照统一的调查模式，对全国人口普遍地、逐户逐人地进行一次性调查登记，这里面就牵扯到各方面的数据，例如性别、年龄、健康状况、职业、家庭构成等。虽然人口普查一般持续时间较长，需要大量的人力和财力，但是人口普查对于摸清楚我国的人口构成具有非常重要的意义，能够为国家制定各方面的政策提供关键性的参考价值。不仅是我国，世界上的大多数国家都会定期进行人口普查活动。

具体来说，我国的人口普查活动从 1953 年就开始了，到目前为止一共进行了 6 次，最近的一次是在 2010 年 11 月 1 日开展，到 2011 年 4 月才得到第六次人口普查的最终报告。熟悉我国人口普查的人都知道，人口普查每 10 年进行一次，即在位数逢 0 的年份进行普查，需要挨家挨户地进行登记调查。其实，除了这 10 年一次的人口普查活动，在两次人口普查之间，还有一项较大规模的人口调查，对全国人口进行 1%的抽样调查，又称为“小普查”。

由于 2015 年在两次全国人口普查之间，因此就在这个时候开展了一次全国 1%人口的抽样调查，用来查清 2010 年以来我国人口在数量、素质、结构、分布以及居住等方面的变化情况，为以后的规划发展提供参考。在 2015 年 11 月 1 日零时，这个全国 1%人口的抽样调查正式开始，以全国人口为总体，抽取的样本量为 2131 万人，占全国总人口的 1.55%。人口小普查是一个典型的抽样调查了，它的结果同样具有极高的价值。由此可见，抽样调查和总体调查一样，得到的结论都值得严肃对待。

对于我国 2015 年的人口小普查，得到的数据表示全国大陆人口为 13.7349 亿人，与 2010 年人口普查数据相比，五年共增加 3377 万人，增长 2.52%。尤其值得一提的是，备受关注的男女比例失衡问题略有缓解，并且估计放开二胎政策之后，男女比例会逐渐变得均衡起来。这不得不说，这个统计结论大大缓解了目前广大单身男士的焦虑。

4.2.2 打脸民调的逆袭总统——特朗普

2016 年，四年一届的美国总统大选如期进行，但是，这一届却显得和以往很不一样，可以说，美国出现了一个有史以来最奇葩的总统，也就是特朗普。特朗普从被外界一致看衰，再到选举最后阶段的一鸣惊人，获得的支持率一举超越各大媒体中意的希拉里，成为奥巴马之后的下一任美国总统，这可以说是一次十足的逆袭。只不过，这不是屌丝的逆袭，特朗普可是一个超级富豪，也是美国有史以来最富有的总统。

其实，无论是特朗普的支持率被低估，还是希拉里的民意被高看，美国的各大民调机构，可以说在这次总统大选中丢尽了脸面，那些数据分析专家都让人们失望了。因为从特朗普获得总统头衔的那一刻，就预示着他们的预测彻底失败了。因为，进入 21 世纪以来，无论是小布什从克里顿手里接过总统之位，延续着布什家族的政治威望，还是奥巴马的登台和连任，美国的民调机构都没有让人们失望。

那么，为什么到了特朗普总统这里，这些民调机构的预测就失灵了呢？其实，在美国的历史上就曾经发生过预测失败的例子，并且成为了统计学中的经典案例。

这个失败的案例就发生在罗斯福任美国总统前的大选阶段。话说，在美国 1936 年的总统选举中，罗斯福作为民主党的总统候选人与共和党的总统候选人兰登拼搏到了最后的阶段。当时美国的一些民调机构都认为罗斯福将获胜，但是他们调查的样本比较少。其中一家名叫“盖普洛”的民调机构只调查了 5 万选民，最后预测罗斯福的得票率会超过 50%，也就是罗斯福会成为这次总统大选的最后胜利者。

然而，当时风靡全美国的流行杂志《文学文摘》却得意洋洋地宣布自己的调查结果：共和党的兰登将获得这次总统大选的最终胜利，成为美国的下一任总统。《文学文摘》之所以这么有底气，无非就是因为它的调查样本更多，达到了 240 万人。原来，《文学文摘》这一年，在给每个订阅该杂志的顾客邮寄杂志时，还顺带了一份总统选取投票意向表，并且鼓励顾客寄回这一份调查表。果然，《文学文摘》在发了大量的调查表之后，一共收集到了 240 万份问卷，并由此预测兰登将获胜。

最后的结果我们已经知道了，罗斯福在这次总统选举之中大获全胜，赢得了总统之位。那么问题又来了，《文学文摘》调查所取得样本比那些民调机构大多了，为什么分析得到的结果却大错特错呢？

经过仔细分析发现，《文学文摘》这样的错误预判正是样本的选取存在严重的偏差造成的。原来，在那次总统大选过程中，社会的中上阶层中的大多数都支持兰登当总统。相反的是，罗斯福在选举过程中屡屡为中下阶层的劳动者说话，他表现得非常亲民，因此，工薪阶层的大多数人都支持罗斯福。而《文学文摘》订阅者的经济条件都非常充裕，不用为温饱担忧绝大部分是美国的中上阶层人士，他们当中大部分人都支持兰登反对罗斯福。而《文学文摘》将所有的调查表发给这些人，自然也就得到了兰登的支持率远超罗斯福，也就做出了兰登会赢得大选胜利的错误预判。

我们再回过头来，看看特朗普和希拉里这两个人之间的总统大选，民调机构未能准确地预判到特朗普赢得胜利，这并不能说统计学中的抽样调查是不科学的，只能够说明和上面例子中的《文学文摘》一样，民调机构在某个环节出现了致命的差错，从而造成最后判断结果的错误。现在，我们就来揭露特朗普胜利背后的统计学“秘密”。

原来，对于这次美国大选，各大民调机构的取样大都是在网络上进行的。这些民调机构随机抽取各个网页上的网友留言，然后分析他们的支持意向，总结得到样本，最后得到了希拉里即将获胜的结论。这与网络上各大媒体的主流观点是相一致的。也可以这样说，美国民调机构发现网络上的发言记录都是以支持希拉里为主，从而就预判希拉里会赢得这次选举的最终胜利。

但是，这些民调机构忽略了一部分很重要的人群，那就是在网络上没有发言的沉默者。这些人或许是不想与网上的支持希拉里的主流观点冲突，就没有站出来声明自己支持特朗普，然而，在现实世界里，他们的选票确是诚实地投给了特朗普。由于许多支持特朗普的沉默者没有被民调机构意识到，所以就发生了样本偏差，从而得到了错误的预判结果。可想而知，网络上的主流观点未必能够代表大多数人的意见，不能够忽视沉默的那部分人。

4.2.3　摄影师真的合成了“大众脸”

大众脸，在人们脑海中的印象就是路人一般的相貌，许多人都想拥有更加出色的相貌，而不想拥有一张大众脸。但是，到底怎样才算是一张大众脸？不同地区的大众脸又是怎么样的呢？对于这两个问题，来自南非的摄影师迈克给出了他用心得到的答案。这位 47 岁的摄影师花了数年时间，在全球各地拍摄女性的头像照，选取了数千张照片，然后通过软件分析各地的人像照片的共同点，最终合成了具有各地特色的几十张女性头像照，让大家认识到了真正的大众脸。迈克将合成的全球女性“大众脸”图片放在自己创建的“明天的面孔”网站上。

迈克整个合成大众脸的过程非常有意思，他刻意回避了我们眼中的那些“非大众脸”，既不是美若天仙，也不是如东施一般。迈克最后选取的都是来自全球各国和地区最“普通”的面容，最后通过几款专业的图像处理软件，如 Photoshop 和 FantaMorph，分别将这些普通的头像照合成了一张张图片。当然，这些图片中的女孩在现实世界中都是不存在的，只是现代技术与原始素材相结合的虚拟产物。至于迈克为什么会有这个奇妙的构思，原来，合成全球女性“大众脸”的想法最初源于他在伦敦上学的时候。有一次，他坐火车看到了来自全球不同地方的乘客，有索马里人、印度人、美国人、津巴布韦人、北欧人等，于是就有了合成全球各地“大众脸”的想法。尤其值得一提的是，中国的大众脸参考了香港地区的“普通”脸。目前，迈克仍然在继续自己的全球“大众脸”计划。

从上面的例子可以看出，迈克想要合成的是代表某个国家或地区的大众脸，那么，他在选取合成的照片素材时，就可以看作是一个简单的随机抽样。为了保证自己的样本足够有代表性，迈克在选取照片素材的时候，就只选择那些最“普通”的面孔。毫无疑问，先不论迈克使用高科技软件的具体合成过程，仅从统计学的角度来说，他选取的样本都是非常合适的，将这些样本作为合成的照片素材，最终得到的那些合成图片，可以称得上是当之无愧的“大众脸”了。

4.2.4　抽样统计让你识别朋友圈的谣言

自从微信出现以后，越来越多人都喜欢刷微信朋友圈，在一些琐碎的闲暇，我们不停地用手指在屏幕上滑动，里面就是一个朋友圈的世界。“震惊了！……”“发生大事了！……”“惊爆！……”“绝对机密！……”“一招让你……”等，微信上这样的文章一次又一次地出现在我们的视野里，不得不让人感觉到朋友圈的世界真是处处充满了套路。

如果我们仔细分析，就会发现朋友圈中的这些文章绝大部分几乎可以断定为谣言，要么是凭空捏造的，要么是夸大事实的，更有一些颠倒是非的，简直让人防不胜防。朋友圈文章的套路真的太深了，这些文章也并不安分，那放肆的阅读数和不知所以的点赞数，大有一股劣币驱逐良币的趋势。

有句话说得好，谣言止于智者。这个智者，就是指那些“懂行”的人。因此，很多人都觉得，要识别谣言，就需要懂得一些专业的知识。例如，如果有一篇名叫“一招让你远离癌症”的微信文章，我们要弄清楚它是不是谣言，就需要对癌症的病因和一些治疗手段有一个基本的了解，这样才有科学的依据来进行评判，才有足够的底气指出这是一篇谣言。

我们好不容易在闲暇时刻才能够刷刷朋友圈，还要来费尽心思判断这篇文章是不是谣言，和这些谣言大部队进行着“道高一尺魔高一丈”的博弈，这样也太累了吧！

其实，如果有足够的统计学知识，我们也能成为一个智者，也能够识别朋友圈中的绝大多数谣言。只要用统计学的方法对朋友圈的文章进行分析，并且进行一个基本的评判，就知道哪些是谣言，哪些是一般的文章。由于朋友圈文章的形式，通过标题就可以判断出这篇文章是不是谣言，这不仅仅让我们不用在这些事情上浪费时间，更重要的是不被谣言所迷惑，让自己的健康、财产等受到损失；即使套路更深，我们不慎点击进去了，也能够从文章的排版和内容来做出大致的判断，这篇文章是否是一个谣言的嫌疑犯。

那么，这是怎样做到的呢？凭什么就能够判断一篇朋友圈文章是不是谣言呢？

其实，这里面的统计原理和方法其实很简单，就是设计一组对照试验，用实验的结果来作为评判依据。这么一说，是不是还有点迷糊呢？我们可以分下面几个步骤进行。

首先，分析一个实验组，也就是收集一些已经确定为谣言的朋友圈文章，分析它们的特点。

俗话说，“知己知彼，百战不殆。”这在统计中是非常适用的，要想识别谣言、战胜谣言，必然要做的就是分析谣言。这里面的样本需要考虑的是，选择一定要全面：不能只分析生活类的谣言，还要分析一些理财类的等；不能只分析一些一段时间内的微信谣言，要将选取样本的时间尽可能地错开等。只有这样，才能选取合适的微信谣言样本，也就是实验组。

在有了一组微信谣言文章之后，还需要对它们进行分析。当然，分析工作也需要从多个角度出发：例如，这些文章的标题有哪些特点，经常用到什么样的词语，给人的感觉如何等；这些文章的排版有哪些特点，是否使用过多的图片，主要使用什么样的颜色，字体有多大等；这些文章的内容如何，大致有多少字，一段有多长，经常使用什么样的标点符号……别看分析的方面比较多，这些都是在最后的阶段揪出谣言的套路。

其次，分析一个对照组，选取一组微信正常文章，分析它们的特点。

有句网络流行语，“没有对比，就没有伤害。”其实，在设计实验的时候，更是如此，需要对比来得到最终的实验结果。在这个实验中，需要用来对照的就是那些正常的文章。需要注意的是，抽取的文章也不能够只在某一个领域，可以按照前面抽取谣言的方式进行选择，保证足够均匀。在选取一组微信正常文章之后，我们要做的也是分析它们的特点，和分析前面的谣言一样，从多个角度出发，力求全面。

最后，通过比较实验组和对照组，得到微信谣言文章的一些特有套路，以此来作为判断微信文章的依据。

这时，就是揪出微信谣言惯用套路的最终时刻了。我们把上面两步分析的结果进行比较，得到一些相同的特点和不同的特点。需要注意的是，那些相同的特点可以忽略，它们不能够作为判断微信谣言的依据。例如，我们发现它们的字数大多数都是在 2000 ~ 3000 字左右，那么，这个字数特点就不能用来区分谣言和正常文章了。

我们需要特别注意的是实验组和对照组之间的不同点，它们就是微信谣言文章的典型套路，这些套路就可以用来识别微信当中的绝大多数谣言。了解了这些套路，往往屡试不爽，不用担心将正常文章误判为垃圾谣言，更不用担心那一篇篇谣言肆无忌惮地进入我们的眼睛。

现在，我们可以说一说这个实验的结果了，也就是微信谣言有哪些常用的套路了。

首先，我们发现 70%左右的微信谣言是以人身安全、食品安全和疾病养生为主题，无一例外的就是，这些主题都能够激起人们对身体伤害的恐惧和对死亡的焦虑，如果遇到“防癌”“养生”“食物中毒”等字眼，请格外注意。

其次，微信谣言喜欢用夸张的数字和情绪化的词语说话，用来激发人们的好奇心。例如，微信谣言的标题都是“人人都在转……”“100%……”“震惊……”，这类标题的文章需要注意。文章内容中，微信谣言经常使用一些统计数据，大多夸张，只是为了强调自己的专业性，但是这些数据都没有实际依据。

再次，微信谣言的排版往往多图，惯用红色字体。多图可以给读者带来深刻的印象，阅读起来也更加方便；而红色字体则是让人的视觉受到冲击。图片和红色字体都会让读者变得更加感性。

最后，微信谣言中经常出现恐怖性词语，唤起人们强烈的恐惧。例如，“致癌”“有毒”“毁容”等，这些词语大多言过其实。即使如此，大多数读者本着“宁可信其有，不可信其无”的心态，在朋友圈里以讹传讹，变成了谣言的助推者。

第5章 从统计中发现可能性——概率

一说到概率，许多人都会想到，概率说的不是未来发生的可能性吗，这与统计有什么关系呢。其实不然，概率和统计的关系非常密切。概率说的是未来的可能性，这是没错的，但是，概率最开始是从统计的数据中发现的，可以说，统计是概率的母亲。

5.1 从统计的角度认识概率

想一想，如果没有概率，我们所有人对于未来的各种可能都无法衡量，我们的生活将在对未来的惊恐之中度过。概率，可以说是现代社会的一个基础，无论是天气预报、产品检测，还是股票期货、棋牌游戏等，都离不开概率。从统计学的角度重新认识概率，能够让你的理解更加深入。

5.1.1 概率来自于“赌徒的骰子”

一个赌徒和一枚硬币，怎么能够和概率的来源有关系呢？概率不应该是数学家们从前人的文献中总结得到的吗？其实，概率就是来源于一个赌徒的骰子，是它打开了概率世界的大门。

我们知道，赌博是一种概率性游戏，但是，在出现“概率”这个词之前，那时候的人们可不这么想。他们认为赌徒间互相博弈时拼的就是那一点点运气，这个“运气”是人们在发现概率以前所用的词语。往往谁在赌博中赢了，就认为他的运气更好；如果一个人今天因为赌博输得精光，我们就会远离他，觉得运势不在他这边，他身上满是晦气，只有远离他，才不会让自己身上的运气被吸走。

现在，运气已经变成了一种调侃，许多人都已经认识到了概率，能够用这个更加科学的概念来描述未来的可能性，而不再是认为“我今天运气不好，所以事情就会办得不顺利”“我今天中了大奖，就是因为运气积累到了一定的程度，终于爆发了一次”……

但是，概率正是从衡量一个赌徒的运气开始的。概率是赌博中出现的活动，它起源于一个赌徒关于掷骰子的问题，在这个问题中计算得到的机会和统计的结果并不一致，引起了数学家的注意。

在 17 世纪的法国，有一个非常有名的作家，是路易斯国王的好朋友，他同时也是一个狂热的赌徒。当时的欧洲上层社会流行掷骰子的赌博，有一次，这位作家遇到了一个当时还很复杂的问题，也就是掷骰子赌博中的奖金分配问题。这个问题具体是这样的：

他认为，掷一颗骰子 4 次至少出现一次六点和掷一对骰子 24 次至少出现一次双六的概率是等可能的，但是根据自己的实际赌博经验，却发现第一种情形比第二种情形的次数要多一些，这个问题在当时成为了一个著名的悖论。

这位作家是这样推断的：一颗骰子掷一次，出现六点的机会是 1/6，所以掷 4 次，得到一次六点的机会就有 2/3（4 × 1/6）；掷一对骰子一次，我有 1/36 的机会得到双六，所以掷 24 次，得到一对六点的机会一定有 2/3（24 × 1/36）。

可是实际的统计结果表明，第一种情形比第二种情形出现的次数更多一些，这个悖论到底怎么回事呢？

这位作家就向当时的数学家帕斯卡请教了这个问题，帕斯卡一时之间也无法解决，就与另一位法国数学家费马通信讨论了这个难解的赌博问题。正是对这个问题的讨论，开始了数学家们对概率论的研究，才有了现代的概率。

上面那位作家的推断和计算过程，看似有道理，其实是错误的，因为概率不能是那样简单地相乘。显然，费马在和帕斯卡的讨论过程中也发现了这一点，他们机智地决定先计算第一种情形中赌徒输掉的机会是多少，也就是连续掷了4次骰子却没有出现过一次六点，然后就可以得到赌徒赢的机会了，因为赢的机会=1-输的机会。

那么，对于第一种情形，应该如何计算赌徒输掉的机会呢？

虽然看起来很复杂，其实很简单，先计算第一次没有出现六点的机会。由于第一次不能出现六点，只能出现一点到五点中的某一个，所以机会就是 5/6。接着，再来计算前两次都没有出现六点的机会。由于每次掷骰子是相互独立的，所以前两次没有出现六点的机会就是：5/6 × 5/6。依此类推，就可以得到掷3次都没出现六点的机会就是：5/6 × 5/6 × 5/6，掷 4 次都没出现六点的机会就是：0.482（5/6 × 5/6 × 5/6 × 5/6）。也就是说，有48.2%的机会掷4次骰子都不出现六点，从而也就得到出现六点的机会就是51.8%，即赌徒在这种情形下的赢面。

计算了第一种情形下赢的机会，再来看第二种情形下赢的机会。

同样，在掷一对骰子时，每个骰子的结果都是独立的，也就得到出现双六的机会是 1/36，因此，不出现双六的机会是 35/36。由此得出，在一对掷骰子24次中，没有一次出现双六的机会必定是24个35/36相乘，计算得到最终的结果大约是 50.9%。这时，也就得到了出现一次双六的机会是49.1%，也就是第二种情形下赢的机会是49.1%。

比较两个结果，就可以发现连续掷一个骰子4次，得到六点的机会更大，这也就解释了为什么第一种情形出现的次数更多一些。这么一来，机会和统计的大量数据还是达成了一致，也就不存在什么悖论了。

后来，这些问题又经过数学家们的整理，最终形成了概率论的基础。回过头来，那位喜欢赌博的作家发现了一个“悖论”，自己计算的机会和实际数据不相符，也就是可能性和统计数据不相符，再在数学家们的探讨下，这才出现了系统的概率。所以说，概率这门学问也是在实际的统计经验中产生的。

如今，我们已经习惯了把“概率”两个字挂在嘴边了。“概率”不再是学术领域的专有名词，而是成为了一个深入人心的概念了。我们开始用概率来描述未来的各种可能性：对于不可能发生的事件，我们就称它发生的概率是 0，如太阳围着地球转；对于一些必然发生的事情，我们就称它发生的概率是 1，如一个星期有七天。当然，生活中的绝大多数事件的概率都是介于 0 和 1 之间的，数字越大，就意味着发生的可能性越高；反之，就意味着发生的可能性越低。

另外，我们还需要注意不同事件之间的独立性。例如，小明抛一次硬币和小王抛一次硬币，这两件事的结果是没有关联的，也就是说这两件事是完全独立的；另外，小明连着抛两次硬币，它们之间也是没有关系的，第一抛出的结果并不会对第二次的结果造成影响，所以，它们之间也是独立的。对于彼此独立的事情，它们之间的概率也应该分开计算。

5.1.2　用统计数据来验证概率

前面我们已经知道了，对概率的研究是从统计开始的，统计和概率之间关系非常密切。其实，统计数据的一个重要作用就是发现和验证概率，但是这需要大量的统计数据，否则就没有什么说服力。

例如抛一枚硬币，不用统计就知道正面朝上的概率是 1/2，反面朝上的概率也是 1/2。其实，这两个概率都可以和统计的数据相互联系，只要实验的次数足够多、统计的数据足够多，就会发现，这些数据中正面朝上的频率也是接近于 1/2，同样的，反面朝上的频率也接近于 1/2。

历史上真的有人做了抛硬币的重复试验，他把每一次的统计结果都记录了下来，然后求得正面朝上的次数是多少、反面朝上的次数是多少。例如，数学家德·摩根试验了 4092 次硬币实验，统计得到了正面朝上的次数是 2048，反面朝上的次数是 2044，而总试验次数的一半则是2046；数学家费勒做了10000次抛硬币试验，统计得到了正面朝上的次数是 4979，反面朝上的次数是 5021，而总试验次数的一半则是5000；还有一位更加努力的数学家皮尔逊，他一共做了 24000 次抛硬币试验，最后统计得到了正面朝上的次数是 12012，反面朝上的次数是11988，而总试验次数的一半则是 12000。

不得不佩服上面这些数学家的努力！从上面的统计数据也可以看出，我们在抛硬币的时候，试验的次数越多，正面朝上的频率就越接近 50%，同样的，反面朝上的频率也是越来越接近 50%。而这两个频率，就可以用来验证这两种情形出现的概率都是 1/2，意味着我们下一次抛硬币的时候，有一半的可能性出现正面，一半的可能性出现反面。这些实验也体现了统计数据和概念密不可分的关系。

有人可能会说，抛硬币和掷骰子的游戏都比较简单，它们每次出现的结果都是可以记录的，并且结果也比较少。例如，抛硬币只可能出现两个结果，要么是正面朝上，要么是反面朝上；而掷骰子的结果也只有 6 种情况，无非就是从 1 到 6 这六个数字。

那么，对于那些更加复杂的情形，我们又怎样用统计数据来得到概率呢？

例如，我们都有扔过东西，如果有人随机向一片空地扔石头，你知道它落在这块空地上各个地方的概率吗？显然，如果只向这一块空地上面扔石头，石头最终具体落在空地上的哪个地点，这是一个概率性事件。为了探讨这个问题，我们可以亲自做一个最简单的试验，也就是统计学中著名的蒙特卡洛试验。

我们在一张平整的正方形纸上随机地滴墨水，假如每一次滴墨水都是在这一张正方形纸上面完成的，并记录每滴墨水在纸上的痕迹，它们就表示着墨水滴到纸上面的位置，如图 5-1 所示。

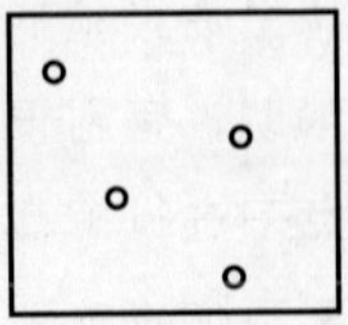

图 5-1　蒙特卡洛试验

这时，怎样才能够得到墨水滴到某个特定区域的概率呢?

其实，我们仍然可以和上面的抛硬币试验一样，就这个复杂的概率问题简化为有限的几种可能。为此，不妨将这一张正方形纸用均匀的网格进行划分，那么，每一滴墨水落在纸上每一个小方格内的概率同样也是相等的，并且所有格子的概率之和必定等于 1。如果把这一张纸划分成了九宫格形式，那么，就可以得到落在每个格子的概率是 1/9；如果不断地进行试验，就会发现每一个格子内的墨水滴数应该是差不多的，相较于总次数来说，它们各自都占了 1/9 左右。

从上面这个试验也可以看出，我们在这一张纸上面划出的区域越大，那么滴在上面的墨水也就越多，也就是说，下一滴墨水落在这块区域的概率就越大。因此，又可以反过来利用这个结论，解决许多复杂的实际问题。例如，对于一些形状不规则的图形，应该怎样来求得它们的面积呢?

这时，就可以利用这种蒙特卡洛方法来求出这些不规则图形的近似面积。也就是说，只要把一个不规则图形放进一个大小合适的正方形中，接着同样用滴墨水的方法，统计一下墨水落入不规则图形内的次数是多少，占总试验次数多大的比例，也就可以得到墨水滴入不规则图形的概率大概是多少，自然也就得到了这个不规则图形的面积在正方形中所占的比例，此时，只要将这个比例乘以正方形的面积，就能够得到不规则图形的面积了。

再回到生活中，我们强调生活经验的重要性，认为丰富的人生阅历对于我们的生活有很大的帮助，有利于我们对未来做出一些预判。其实，这可以用统计学的观点来进行解释。为什么呢？现在我们都知道统计的基础就是数据，如果我们收集到的数据足够多，就能够从中发现概率，从而可以对未来的选择做出比较科学的预判了。这也是前面掷骰子的赌徒能够发现那细微的概率差异的原因，因为他的赌博经验非常丰富，有一定的数据作为基础，所以能够体会到不同的赌博形式对于输赢的影响。

5.1.3 请不要乱用“随机”这个词

现在人们都知道“概率”和“随机”这些词语，也知道概率说的是未来的某种可能性，而随机说的是不可准确预测的现象。但是，我们在应用的时候却经常把这些词语混淆了，尤其需要注意的有两点：大部分事物之间的概率是相互独立的，随机的结果不一定就是很乱的。

在日常生活中，一些赌徒最喜欢的口头禅就是：“昨天手气太差了，今天手气一定好！”我们也见到一些股友，在牛市的时候看到形势一片大好，心里是这样想的：“这几只股涨了这么久了，应该还能继续涨，等几天再转手。”还有一些类似的心理：这次考试没考好，不要紧，下次就能够爆发了；昨天看新闻某某飞机出事了，所以你还是别坐飞机了，换高铁吧……

上面这些场景，总有一些对你来说是不陌生的。可是听到这些话，你是否也在心里嘀咕着：“它们之间真的有关系吗？”赌博本来就是一场概率游戏，昨天和今天就相当于连续掷两次硬币，它们之间真的没关系，老天爷不会因为你昨天输了，就让你今天的运气变得好起来；股票的涨与跌也可以看作是一个概率性事件，并不会因为一直在涨，明天就一定涨，万一跌停也不是不可能的；考试结束后不去反思和总结，却想着是下一次运气能够好起来，其实，考试中即使存在某些概率性因素，在不同场次的考试之间也是独立的；飞机出事上了新闻，不代表飞机就不安全，每架飞机出事的概率也是相互独立的。

总之，生活中的大多数事情如果存在一些概率性的因素，它们彼此之间的概率也是独立的。但是，人们总是会发挥自己丰富的想象力，往往对于一些本来不相干的事情，把它们之间的概率联系了起来，并美其名曰“运气”或“运势”，认为以前的运气不好，会在后面的时间补回来。其实这是荒谬的，是缺乏概率论的科学基础的。因此，无论对待什么事情，我们都可以认真分析其中的概率关系，不被表象所迷惑，不被自己的主观情绪所影响，这样，能够帮助我们更加冷静地分析问题。

除了“概率”被乱用以外，和概率关系密切的“随机”，也在很多时候被误解。不妨先来看看下面这个问题：继续做抛硬币的试验，连续抛六次硬币，那么，下面哪个结果出现的概率更大呢？

正正正反反反　　　　反正正反正反

看了上面的两个结果可以发现，第一个结果很整齐，明显是故意这样做的，看起来一点也不随机；再来看第二个结果，完全没有固定的顺序，看着就很随机，符合抛硬币这种概率性游戏经常出现的结果。比较起来，所以看起来更加随机的第二种结果更容易出现。

可是，事实是这样的吗？似乎又犯了和上面那个掷骰子的赌徒一样的错误，对于事物的可能性，我们没有严谨地计算它们的概率，仅仅根据自己的方法，就贸然得到了结论，可想而知，这个结论也是有很大概率是不正确的。因此，我们只有用非常严谨的态度，计算出它们各自所发生的概率，才能够避免陷入自己的错觉中。

对于第一种结果（正正正反反反）：第一次出现正面的概率是 1/2，第二次出现正面的概率也是 1/2……因为这 6 次掷硬币是相互独立的，所以就可以得到先出现三次正面朝上再出现 3 次反面朝上的概率是：1/64（$1/2 \times 1/2 \times 1/2 \times 1/2 \times 1/2 \times 1/2$）。

同样的，对于第二种结果（反正正反正反）：第一次出现反面的概率是 1/2，第二次出现正面的概率也是 1/2……由于彼此之间相互独立，因此，就可以得到这种结果出现的概率也是：1/64（$1/2 \times 1/2 \times 1/2 \times 1/2 \times 1/2 \times 1/2$）。

通过比较就可以得到，这两个结果出现的概率是完全相等的，因此，无论是谁看起来更加随机，它们出现的可能性也是一样的。所以，在现实生活中，不要以为随机的结果一定是乱的。最简单的例子就是，在玩斗地主时，不要因为对方手里有大小鬼和四个二，就认为对方有作弊的嫌疑，其实，这种看起来不随机的结果和某种别的结果发生的可能性都是一样的。

既然我们要讲随机，就不能够只看到那看起来随机的结果，而忽视掉那些看起来不随机的结果，应该对它们一视同仁，毕竟它们都同样是所有结果中的一分子。

5.1.4 你说的概率主观吗

概率，也有主观和客观之分吗？难道概率还能随个人感觉而改变，不是上帝在冥冥之中就规定好了吗？对于这些疑问，本节就要讲讲日常生活中那些概率的不同。

概率，其实不是一个让人讨厌的数学名词，几乎每个人都对它感兴趣。例如，赌徒绞尽脑汁计算赢钱的概率，学生想知道这一章在考试中出现的概率，股民想知道明天飘红的概率。可是，概率又像女人的心思一样，让人难以琢磨，不同的人都有一些自己的琢磨概率的方法。这样也就造成了有的概率是实在的，而有的概率却显得不靠谱，甚至是荒谬的。

为什么这样说呢？不妨从下面两个例子中来比较概率之间的不同。

我们都玩过猜数字的游戏，一个人在纸上先写一个数字，然后规定这个数的范围，如 1～100 的整数，接着，另外一个人再猜这个数字的大小。如果这两个人彼此之间都不了解对方的心思，这时，只要了解概率的人都能够得到，猜中这个数字的概率就是 1%。因为总共有 100 个数字，只有猜中其中一个才算成功，所以是 1%。

另外一个例子，马上就要高考，这时，我们经常会听到各种不同的声音；有些平时学习成绩好的同学，却显得不够自信，觉得自己有 60%的几率会考砸，因为最近的一次模拟考试考砸了；还有一些同学，又可能会觉得自己高考有 80%的几率能够考个好成绩，因为最近的一次模拟考试考得特别好，名次上升得特别快。

好了，我们来看看上面的 1%和 80%，你觉得哪个概率更加靠谱呢？毫无疑问的是，第一个例子中的 1%是靠谱的，因为它是通过概率公式进行计算得到的。这个概率不会受到个人的影响，是客观的真实情况。因此，对于这样的概率，我们就叫做客观概率。而对于第二个例子，这两种同学都只从一次模拟考试出发，在判断自己高考成绩概率的时候，心态上明显受到了最近这次模拟考试的影响，带有明显的个人主观偏向。因而，这样的概率就叫做主观概率。

对于一些比较复杂的概率事件，虽然无法通过概率计算公式得到，但是，仍然可以通过足够多的统计数据来进行估计，这样的概率，也可以称之为客观概率。例如，对于 2014 年的世界杯决赛，在开赛前就可以看到各大媒体上面的分析预测文章，通过分析阿根廷和德国这两支球队的历史战绩、球员实力等数据，得到了阿根廷赢得冠军的概率是多少、德国的概率又是多少。这样的概率是在过去足够多的数据上进行分析得到的，并且没有个人主观因素的影响，因而也可以称之为客观概率。

其实，生活中出现的许多概率都是主观概率。对于许多无法收集足够数据、无法进行重复性试验的事，我们也只能给出一个看起来合理的主观概率。例如，家里进小偷的概率是多少呢？这个就只能够用主观概率来进行分析，因为这样的事情无法进行试验。不过，即使只有主观概率能够派上用场，仍然能够进行合理的分析。如果家里的门窗经常关好、社区治安环境较好，我们就可以认为小偷进家的概率极小；相反，如果这个地区鱼龙混杂，流动人口多，治安较差，那么，我们就认为小偷进家的概率高，有被偷的风险。

还需要注意的是，无论是客观概率还是主观概率，它们都只是概率的某种形式而已，就像我们平时的看法也会有主观和客观之分。因而，对于主观概率，不能够说一定就是错误的。但是，对于主观概率和客观概率，它们都必须满足概率中最基本的规则，那就是概率的范围一定要在 0 和 1 之间，并且各种可能性的概率加起来刚好等于 1。

例如，如果某位同学在高考前信心满满，预测自己考中理想大学的概率是 0.8，我们知道，这是一个主观概率，是没有问题的。但是，如果这位同学又说考不上的概率是 0.6，那么，这就是犯错误了。因为 0.8+0.6=1.4，超过了 1，而可能的结果只有考上和考不上这两种，不是考上了理想的大学，就是没考上，它们加起来的概率一定是 1。所以说，无论我们怎么说概率，一定要遵守基本的规则；否则就要自相矛盾，让人看笑话了。

5.2　关于概率的那些事

5.2.1　不懂得概率造就的“神迹”

狄青是北宋时期的一位名将，和当时的大文豪范仲淹都是朝廷的栋梁。狄青精于兵法，能够因时因地制宜，同时又善于整顿队伍，军纪严明。因此，狄青每次作战都能够获得不俗的战功，被当时的人们称之为“常胜将军”。世人崇拜狄青，狄青的一些故事也就一代代地流传了下来，其中有一个令人称赞不绝的故事就是借神鼓士气。这个故事和我们之前所说的概率有着密切的关系。

话说狄青在世时，积贫积弱的北宋朝廷就已经处于内忧外患之中了。就在狄青打败西夏之后，广西地区的侬智高又发生了叛乱。最初阶段，侬智高率领着起义军势不可挡，攻陷了广西地区数个州县，整个岭南地区都为之震动。由于前将领几次征讨失败，等狄青到广西征讨时，士气低落，如何振奋士气便成了摆在狄青面前的首要问题。狄青做了充分的调查，了解到南方有崇拜鬼神的风俗，便心生一计：通过拜神来鼓舞队伍的士气。只见狄青拿出一百枚铜钱，口中念念有词："此次用兵胜负难以预料，若能制敌，请神灵使钱面全都正面朝上！"狄青旁边的官员对此感到茫然，担心弄不好反而影响士气，都劝狄青不必这么做。而狄青却不加理睬，在全军众目睽睽之下，一挥手，一百枚铜钱全撒到地面。大家凑近一看，一百枚铜钱面全部都是正面朝上认为有神灵保佑，都欢呼雀跃起来，队伍的士气大振。狄青当即命左右侍从，拿来一百根铁钉，把铜钱原地不动地钉在地上，盖上青布，还亲手把它封好，说："待胜利归来，再收回铜钱。"于是，狄青就率军与侬智高的叛军进行决战，果然大败敌军。狄青乘胜追击，所到之处攻无不克，迅速收复了失地，平定了这一次叛乱。之后，狄青带领这一支胜利之师北还，没有忘记当初的承诺，来到掷钱处取铜钱。下属们将这些铜钱取出一看，原来这一百枚铜钱两面都是一样的，都是正面，大家才恍然大悟，对狄青"借神鼓士气"的做法佩服得五体投地。

看了上面狄青借神鼓士气的故事，不妨假想一下，如果狄青在现代社会还来这样掷铜钱，会不会成功地"忽悠"到大家呢？其实，如果稍微懂一点统计概率、会基本的概率计算，都能够轻易地戳穿狄青的"诡计"。只可惜当时的士兵们没有接触过概率，再加上迷信的思想，就对狄青的做法和说法深信不疑了，认为神灵保佑，而这正是狄青要达到的效果。

用现代的概率统计知识来分析，为什么我们一看就知道这件事是狄青在"自导自演"？狄青一次抛的是一百枚铜钱，那么正常的情形下，这一百枚铜钱都是正面朝上的概率有多大呢？我们都知道，一次抛一枚铜钱，正面朝上的概率是 1/2，由于不同的铜钱之间出现的结果是互不影响的，所以一次抛一百枚铜钱都是正面朝上的概率就是 2 的 100 次方分之一。那么，这个数字到底有多小呢？其实，这个极小的数字远超出我们的想象。我们都知道，地球上面的人口目前接近 80 亿人，这个数字还不到 2 的 33 次方，更不用说 2 的 100 次方了，这中间可隔了 2 的 67 次方啊。所以，也就可以这样说，即使现在地球上的每一个人都掷一百枚铜钱，这里面出现一次百枚铜钱都正面朝上的几率也十分渺茫，几近于零。因此，狄青一次就能够掷出一百枚正面朝上的铜钱，这就只能用套路来解释了。

5.2.2 巧用“概率”救了命

上一个故事中，狄青正是利用了士兵们迷信而不懂概率的特点，所以才敢用一百枚特制的铜钱造就了一场“神迹”，从而鼓舞了士气，扭转了整个战局。本节要继续讲一个机智如狄青的人，他利用概率的知识，从阴险狡诈的国王手底下救了自己一命，把自己从鬼门关拉了回来。

据说很久以前，有一个阴险狡诈、残暴凶狠的国王，生活奢靡无道，总喜欢用各种方法来折磨那些看不顺眼的臣民，却又摆出一副惺惺作态的伪善面貌，弄得大臣和百姓们都是敢怒而不敢言。有一次，一位正直的大臣在朝堂之上向国王进谏，请求国王不要修建新的宫殿。国王一听大臣和自己作对，就决定将他处死。

虽说国王心中早已打定主意，却仍然在众人面前假惺惺地对大臣说：“看你也是一个有过功劳的人，就让老天爷来决定你的命运吧！我让你在众人面前从两个签里抽一个，这两个签分别写着‘生’和‘死’。如果你抽的签上面写着‘死’字，那么，就是天要让你死，就把你拉出去斩了；如果上面写着‘生’字，看在老天爷的面上，我就饶你一命。”

紧接着，国王就命令身旁的侍从准备了一个盒子，里面果然有用来抽签的两个纸团。但是，国王并没有当众向众人公布这两个签上面的字，连他自己也没有瞧一眼。台下的大臣看到国王这么说，准备的签又没有人检查，就觉得里面一定藏着猫腻。大臣明白国王是一心想置自己于死地，这签肯定有鬼，上面一定是两个“死”字。只有这样，无论他抽中哪个签，上面都是一个“死”字，所以，他也就必死无疑了，国王的如意算盘也就得逞了。

旁边的臣民也有人看出猫腻来了，察觉到了国王的诡计。但是，众人迫于国王的淫威，担心自己的性命，只能在心里为这位正直的大臣祈祷。大臣不甘心就这样牺牲，他也知道这个时候只能靠自己，如果有其他人为自己出头，岂不是又连累了他人。

国王正准备看这一出好戏，大臣无论怎么祈祷，他抽中的都会是一个“死”字，这是一个必然的事件。只要大臣死后，就没有人敢阻扰自己修建宫殿了。可是，就在大臣抽签时，戏剧性的一幕发生了：只见大臣以极快的速度抽出一个纸团，并将其一把塞进嘴里咀嚼起来，还没等到侍卫过来，就将纸团吞了下去。

国王一时也没有反应过来，就问大臣：“你抽到‘死’字签还是‘生’字签？”大臣故作叹息说：“我听从天意安排，如果上天认为我有罪，那么这个咎由自取的苦果我已经吞下，只要查看剩下的签是什么字就清楚了。”众人也都纷纷议论，觉得只能用这个办法了。

事到如今，国王骑虎难下，因为抽签的主意是他自己定的。所以，国王只能让侍从打开剩下的签，向众人展示，上面果然写着一个“死”字。这时，也就意味着大臣抽到的签是写有“生”字的，国王有苦难言，又不想当众暴露签中的猫腻，只好赦免了大臣。

对于上面这个故事，我们不得不佩服这位大臣的勇敢和机智。从统计概率的角度来进行分析就可以发现，国王在签里动了手脚——上面写的都是“死”字，大臣抽到“死”签的概率就是百分之百，处死大臣就是一个必然事件了。但是，国王不想暴露签的猫腻，向众人说明的是“生”签和“死”签，这么一来，大臣也就有二分之一的概率抽中“生”签。既然不能够抽中“生”签，那么，大臣就把抽中的“死”签吞到肚子里，所以，留下的签也是“死”签，这从侧面反映出来自己抽中的是“生”签了，也就能够死里逃生了。

5.2.3 抽签的顺序重要吗

抽签，大家并不陌生。在很多时候，我们都需要用抽签的方式来做出让大家都能够接受的选择。在正规场合，抽签是一件非常严肃的事情。在足球赛事中，如欧冠这样的赛事，在比赛前都要进行正式的抽签仪式，来确定各支队伍的对手和赛程，当然，每支队伍都不想遇到强如皇马、巴萨这样的宇宙队，都想遇到整体实力最弱的那个“大礼包”；在比赛性质的节目中，如《我是歌手》，在出场前也需要进行抽签，来确定各位参赛歌手的出场顺序，歌手们最想抽中的就是最后一个出场，能够占到很大的便宜，因为谁都不想顶着压力第一个出场，费力又不讨好。

而就在我们身边，几乎每个人都用过抽签这种方式来为自己提供决策。例如，除了抛硬币，能够马上想到的往往就是抓阄了，这样的做法也非常简单，只要用几个纸团就能够轻易做到。另外，大家所关注的抽奖也是一种典型的抽签方式。由于奖项的设置分成了不同的等级，这个抽签活动就稍显复杂一点。

既然大家都见过并参与过抽签，那么抽签真的公平吗？对于这个问题，许多人都有着自己的困惑，他们在抽签的时候总是显得犹豫不决，不知道是该先抽还是后抽，总觉得先抽和后抽是不一样的，并不是绝对公平的。所有对抽签的困惑，都是围绕着先抽和后抽的区别。有的人觉得先抽的那个人占了便宜，例如，在抽奖过程中，先抽的时候总会有奖项在里面，后抽的人可能就没奖可抽了；相反，有的人又觉得后抽的人才是后来居上，因为最先抽的时候差签是最多的，例如，在抽奖过程中先抽的人往往要面对更多不能中奖的“签”，前面的人把不能中奖的抽中了，后面的中奖几率不就更大了吗?

其实，上面的两种观点都是有一定的道理的，看起来是没有问题，但是，它们都只是看到了事物的一方面，都是片面的观点。多说无益，对于这种情形，最科学的做法还是通过统计概率来进行分析，比较先抽和后抽的概率，看看它们是否是相等的，不就能够解决这些困惑了吗？不用多复杂，通过下面这个极其简单的例子就能够得到最终的答案。

周末，正在学习统计学的小明和小张一起去逛街。在某个商场购完物之后，由于消费达到了一定的额度，他们各自都得到了一次抽奖的机会。于是，小明和小张就想着试一试，看看谁的手气更好。这个抽奖规则非常简单，在一个不透明的盒子里一共有 100 个小球，分别标着 0 ~ 99 这 100 个不同的号码，只要抽中偶数号就能够获得奖品，抽中的球不能够放回去，奖品抽完这个活动就结束。小明觉得自己先抽拿到奖品的概率更大，小张则想后抽，于是决定先把这两种情形下的中奖概率计算出来。

对于小明先抽的中奖概率：由于中奖的号码都是偶数，一共有 50 个偶数，所以中奖概率是 1/2（50 ÷ 100）。

对于小张后抽的中奖概率：这时的计算需要考虑先抽的结果如何，因为小明先抽的结果有两种情况，可能中奖，也可能不中奖，这些都对小张的抽奖结果产生了影响。小明中奖后，小张抽奖时总共有 99 个号码，只有 49 个中奖号码，中奖概率是 49/99；小明未中奖后，小张抽奖时仍然是 99 个号码，有 50 个中奖号码，他的中奖概率是 50/99，因此，小张后抽中奖的概率就是这两种情况下的中奖概率之和：$1/2 \times 49/99+1/250/99=1/2$。

从上面的计算结果来看，小明先抽奖的中奖概率和小张后抽奖的中奖概率是相等的，所以他们最初的想法都是错误的。可见，在抽签过程中先抽和后抽在概率上都是一样的。对于参与者来说，抽签是一种很公平的决策方式。

5.2.4　同一天生日真的很难得吗

如果身边有一个朋友和你是同一天生日，那么，你一定要好好珍惜。学过概率的人都知道，这可是 1/365 的概率（不考虑闰年），也就意味着即使你有 200 多个朋友，也不见得能够有一位和你同一天生日的好伙伴。所以，即使不在自己的朋友圈里找，哪怕是在其他场合，碰到和自己同一天生日的人也是一种幸运。这些都会让人觉得惊喜，毕竟这是一件小概率的事件。

然而，接下来要告诉大家的是一个非常有趣的现象，极有可能就发生在你的朋友圈里。如果你有 49 个好朋友，你就可以把他们都邀请过来一起参加聚会。那么，为了进一步营造气氛，你完全可以在聚会上宣布：“这个聚会上一定有人生日是相同的！我们可以把这一对找出来！”这个时候，参加聚会的所有人都会被你瞬间吸引，大家都会觉得有点惊讶，又充满了期待。这个暖场的好方法是不是有点让人难以置信呢？包括你在内的只有 50 个人，要想找到一对同一天生日的好伙伴，这不是瞎扯吗？一年可是有 365 天，怎么可能会有这么巧的事情。

但是，上面的现象绝非吹嘘，这是有科学依据的。如果你能够用上面的方法来进行暖场，极有可能获得很好的效果，真的就能够找到一对同一天生日的好伙伴呢。那么，这个现象的依据是怎么来的呢？凭什么说 50 个人里面就极有可能有同一天生日的现象呢？其实，可以通过统计概率的知识来进行分析，将 50 个人里同一天生日的概率计算出来，而不再是凭感性认识做出判断。

要想计算 50 个人里有人同一天生日的概率是多少，直接来计算的话，是一件非常复杂的事情。但是，我们不妨先计算 50 个人里没有人生日相同的概率，因为有人同一天生日和没有人生日的概率相等，两种情况必居其一，接着，就能够轻易得到 50 个人里面有人同一天生日的概率了。对于 50 个人里面没有人生日相同的概率，对于第二个人，要想不和第一个人生日相同，概率就是 364/365；对于第三个人，要想不和前面两个人生日相同，概率就是 363/365……对于第 50 个人，不和前面 49 个人生日相同的概率就是 316/365。因此，这 50 个人里面没有人生日相同的概率就是：0.0295（364/365 × 363/365 × …316/365），也就是只有约 3%的几率没有人生日相同。那么，这 50 个人里面有人生日相同的概率就是 0.9705（1－0.0295），也就是说这 50 个人里面有超 97%的概率出现生日相同的现象。

这是不是大大超出你的意料呢，由于成功的几率达到了 97%，而失败的可能性不足 3%，这也就意味着几乎不太可能在一次聚会上就出现失败的尴尬情形。所以，完全可以放心地在聚会上用这样的方法来暖场；只需要让大家报出自己的生日，就能够轻松地从 50 个人里面找到那些同一天生日的朋友们。当然，同一天生日的情形更有可能出现在参加聚会的朋友们之间，而不包含你，毕竟按照人数来考虑，你只占了 1/50。仍然需要注意的是，对于单独一个人来说，要想找到和他同一天生日的人，仍然是一个 1/365 的小概率事件。

其实，上面的这个例子很好地体现了统计概率中小概率事件基本不会在一次情形中就发生。再回过头来看看更多身边的例子，更加能够体会这一点。例如，我们经常会听到“读书无用论”，大意就是那些没有上过大学的反而干出了自己的一番事业。但是，为什么绝大多数家长都想着让自己的孩子能够上大学，甚至是一所好大学呢？这正是因为绝大多数人都认识到了，“读书无用论”所举的例子都是一些个别事件，都是小概率下才能够发生的。因此，几乎没有家长会因为这些小概率事件的发生，而放弃让自己孩子接受高等教育的机会。毕竟，这些父母都明白，这种小概率事件几乎不太可能复制在自己的子女身上。

5.2.5　不可忽视的小概率

前面我们说过小概率事件往往很难在一次情形中就发生，确实如此，看起来我们的生活都是围绕着那些大概率事件进行的。例如，我们大多数人出生时都是健康的，只有少数不幸的婴儿患了先天性疾病；大多数情形下，我们可以放心地坐车出行，发生车祸还是小概率的；我们在外面的餐厅吃饭时，吃到不明物品的也只是一个小概率事件……

其实，很多时候，我们觉得不可能发生的那些小概率事件，往往会带来极其严重的影响。换句话说，也就是我们在绝大多数时候都不会担心的事情，即使概率再小，它仍然可能发生，并且一旦发生带来的后果往往是出乎意料的。即使你足不出户，认识到小概率事件的影响力也并不难。审视一下你自己的生存环境，数一数自你出生以来，周围发生的重大事件、技术变革和发明，有多少在你预料之中？又有多少是在整个社会舆论的预料之中呢？看看你自己的生活，你的职业选择、与爱人的邂逅、朋友的背叛、暴富或潦倒、股市大涨或崩盘……这些事有多少是在你的预料之中呢？又有多少事是你之前想都不曾想到，却又实实在在地发生了呢？

从微观角度来看，我们身边发生的那些小概率事件。例如，一次车祸就造成人员的伤亡，这些小概率事件一旦发生都会对本人和家庭带来严重的后果。再从宏观角度来看，在人类社会发展的进程中，那些看似不可能发生的小概率事件，对历史和社会产生了重大的影响，通常这些事件都是出人意料的。例如，在股市开盘之后，谁会料到它会突然崩盘，让证券从业人员提前下班；在 2008 年前的美国，谁又看到了那欣欣向荣的地产行业背后的巨大泡沫，谁又会想到它会引发席卷全球的次贷危机；还是在 2008 年，一场突如其来的大雪使大半个中国陷入瘫痪状态，甚至连岭南的广东地区都受到了影响，整个雪灾带来了上千亿元的损失，速度之快和范围之广大大超出了人们的预料，这让国人们都措手不及……

因此，在关键的地方，尤其是和人们的财产、生命安全息息相关的地方，对于可能发生的小概率事件一定不能忽视，并且要做好充足的应对措施，否则就有可能为之付出沉重的代价。例如，在乘坐汽车出行的时候，我们都知道，你所坐的这辆车发生车祸是一个小概率事件，但是这并不意味着你可以不系安全带，因为一旦车祸这个小概率事件在你身上发生了，那么，系上安全带之后受到的冲击伤害就要远低于不系安全带，甚至可能是生死之别。

再看看迄今为止航海史上最著名的一次大灾难——泰坦尼克号沉没，在当时，这艘巨轮可是世界上最大的豪华客轮，被称为“永不沉没的梦幻客轮”。但是谁都没有想到，它在自己的处女航中就在北大西洋撞上冰山而沉没，船上的船员和乘客鲜有人生还，1500 多人葬身海底，造成了航海史上的一大悲剧。而在经过调查之后，之所以绝大多数人葬身于冰冷的大洋底下，正是因为整艘船缺少足够的救生艇。当时的工作人员深信这艘巨轮会平安到达大洋的彼岸，觉得沉船这种小概率事件在泰坦尼克号上不可能发生。仔细想想，要是当时的工作人员准备充分，不忽视这个小概率事件，又怎么会造成这个悲剧呢？

第 6 章

估量你的预期——期望

期望，一个看起来很美好的词语，但在统计学当中却是一个严格的概念。期望是和概率紧密联系的，它预示着未来某件事的平均收益。了解期望，能够帮助我们明白一些赌徒所不懂得的道理，看透赌博的本质。不仅如此，还能够指导我们做出最合理的决策，如炒股买期货等投资理财方面的决策、买车时如何选车等家庭生活方面的决策等。

6.1 用期望来量化未来

期望，一个看似比较主观的词语，其实是很客观的。了解它，你就能够将统计学和未来的世界进一步紧密结合，它就像一个客观的标杆立在你的前方。当你踌躇满志时，它会提示你未来并不如你所想的那样乐观；当你缺乏信心时，它会提示你未来并不如你所想的那样悲观。总之，了解期望之后，我们对未来的期待都会建立在不偏不倚的科学基础上。

6.1.1 期望来自于“赌徒分配资金”

期望是什么呢？这里的“期望”不是一个普通的名词，而是一个统计学和概率论中的专业名词。了解了概率之后，再来认识期望，也就更加简单了。要了解期望，我们不妨先追根溯源，看看期望是怎么来的。其实，期望和概率几乎是同一时间产生的，都是从 17 世纪法国流行的赌博游戏中产生的。

当时，有一个经验非常丰富的赌徒自恃赌技高超，就向法国著名数学家帕斯卡挑战，给他出了一道关于赌博的难题：甲乙两个人赌博，他们两人获胜的几率相等，比赛规则是先胜三局者为赢家，赢家可以获得 100 法郎的奖励。当比赛进行到第四局的时候，甲胜了两局，乙胜了一局，这时由于某些原因必须中止这场比赛，甲乙两人只好分配这 100 法郎。那么，他们两个人应如何分配这 100 法郎才比较公平？

一看这是个赌博当中的概率问题，数学家帕斯卡就有了兴趣，决定尝试着解决这一道难题。他首先计算出了甲和乙两个人各自获胜的可能性。对于甲来说，获胜的可能是，甲赢了第四局，或输掉了第四局却赢了第五局，因此，甲在这场比赛中获胜的概率为：3/4（1/2+(1/2) × (1/2)）；对于乙来说，获胜的可能只有一种，乙赢了第四局和第五局，因此，乙在这场比赛中获胜的概率为：1/4（(1/2) × (1/2)）。接着，数学家帕斯卡认为甲和乙这两个人应该按照彼此获胜的概率来分配这 100 法郎。其中，甲有 3/4 的可能分得 100 法郎，也有 1/4 的可能 1 法郎都没有；同样的，乙有 1/4 的可能分得这 100 法郎，也有 3/4 的可能 1 法郎都没有。于是，他首次引入了“期望”这个词语，计算得到甲的期望所得值为 75（100 × 3/4）法郎，乙的期望所得值则为 25 法郎。

这个问题中，为什么要按照他们获胜的可能性来分配资金，而不是把资金平分呢？很明显，在中止比赛的时候，甲继续获胜的可能性是比较大的，而对于乙来说，他获胜的可能性较小。假设平均分配这 100 法郎的话，你如果是比赛中的甲，你一定不会乐意的，因为你明白自己只差一个胜局就可能赢了；你如果是比赛中的乙，你肯定是乐意的，因为比赛形势对你不利，很有可能一分钱都拿不到，现在有个平分的机会，当然更好了。所以，我们还得按照甲和乙这两个人各自获胜的概率来进行分配。

通过这个故事，是不是对期望有了一些理解呢？通俗地说，如果把所有概率性的事情都当做上面的赌博游戏，那么，期望值就是和这些事件的概率有关系的。对于同一件事情，如果它在未来发生的概率越大，相应的期望值也就会越大。就如同上面的赌博比赛中，甲赢得这一次赌博的概率更大，所以甲的期望值也就越大，即应该分配给他的资金越多。

上面还只是一些感性的认识，我们还可以把这个赌博游戏进行变形，得到一个新的问题如下：

甲乙两个人赌博，他们两人获胜的几率相等，比赛规则是先胜三局者为赢家，输家必须付给赢家 100 法郎。当比赛进行到第四局的时候，甲胜了两局，乙胜了一局，这时由于某些原因必须中止这场比赛，那么，甲和乙这两个人应该怎样处理才能让双方都公平呢？

我们可以看到，这个问题不再是分配资金，它需要解决的是：为了公平起见，在甲和乙之间，应该谁给谁付钱，要付多少钱，才能够让双方都满意。其实，这个问题和上面的问题在本质上仍然是一样的，我们仍然需要计算出甲和乙这两个人在这次未完的赌博游戏中的期望，它们的期望值都表示了资金的收益。这时，我们可以分别计算甲和乙在这次赌博游戏中的期望值。

由前面的问题可以知道，对于甲来说，他有 3/4 的概率取得最终的胜利，也就得到他也有 1/4 的概率输掉这次赌博，因此，他的期望应该是由两部分组成的，一部分是可能赢的资金，一部分是可能输的资金，也就得出他在这次赌博中的期望收益是：50（$100\times 3/4+(-100)\times 1/4$）法郎。同样的，可以得出乙在这次赌博中的期望收益是：−50（$100\times 1/4+(-100)\times 3/4$）法郎。这两个期望也就表明乙应该付 50 法郎给甲。

6.1.2 识破庄家的伎俩——计算期望

通过上面的两个问题，我们可以总结得到计算期望的步骤。我们都知道，赌博是一种概率游戏，在了解期望的计算方法之后，就可以识破赌博中庄家的伎俩了。

根据上面的两个问题可以发现，在计算期望的时候，我们必须考虑每一种结果。这里的结果包括乐观的结果，也包括悲观的结果。往往这些结果发生的概率是不同的，例如，在第一个问题中，对于甲来说，乐观的结果当然是在游戏中取胜，概率是 3/4；而悲观的结果则是在游戏中失败，概率是 1/4。因此，我们在考虑分配资金的时候，就需要把这两种结果都考虑进去。对于第二个问题也是如此，只有这样，对于甲和乙来说都是公平的。考虑到每一种结果，这是计算期望的第一步，往往也是最容易出错的一步。很多人并非不知道计算事物的概率，而是在考虑各种结果的时候，疏忽大意，从而导致了最后的期望值是错的。

考虑到每一种结果之后，我们就需要计算每一种结果发生的概率，这是计算期望的第二步。最后，我们可以按照下面这个计算期望的公式，来准确地计算出期望的值：

$$期望=\sum 事物发生的每一种结果 \times 这种结果发生的概率$$

（注：$\sum$表示求和符号）

上面这个公式，几乎可以应用于任何一个关于概率的事情。现在，就以一个赌博游戏为例来识破庄家的伎俩。例如，在抛硬币的游戏中，连续抛三次硬币，正面朝上次数的期望值是多少呢？

按照下面三步计算期望值。

第一步：考虑各种结果。这个问题考察的是正面朝上的次数，一共连续抛了三次硬币。我们都知道每一次抛硬币都是独立的，因此，一共可能出现四种结果：没有一次正面朝上，只有一次正面朝上，只有两次正面朝上，三次全部正面朝上。

第二步：考虑每一种结果发生的概率。对于第一种结果，每一次都是反面朝上，一次反面朝上的概率是 1/2，所以连续三次反面朝上的概率是：$1/2 \times 1/2 \times 1/2=1/8$。对于第二种结果，只有一次正面朝上，这比第一种结果要复杂，在计算概率时需要仔细，因为这一次正面朝上发生的位置可以是在第一次（正反反）、也可以是在第二次（反正反）、还可以是在第三次（反反正），这又是三种不同的结果。所以，它的概率应该是这三种结果的概率之和：3 × 1/2 × 1/2 × 1/2=3/8。对于第三种结果，只有一次反面朝上，同样的道理，可以得到它的概率也是 3/8。对于第四种结果，由于各种结果的概率之和一定是 1，所以剩下的概率就是它发生的概率了，得到：1-1/8-3/8-3/8=1/8。

第三步：根据公式计算期望。相应的，我们需要把结果用数字表示出来，才能够进行计算。第一种结果的值是 0，第二种结果的值就是 1，第三、四种结果的值分别是 2 和 3。所以，可以得到这个抛硬币游戏中，连续抛四次硬币出现正面朝上的期望次数是：

$$0 \times 1/8+1 \times 3/8+2 \times 3/8+3 \times 1/8=1.5（次）$$

其实，这个期望问题还有更加简单的做法。由于每一次抛硬币的结果是独立的，所以，不妨先计算出抛一次硬币正面朝上的期望值，得到：0.5（1 × 1/2）次。然后，我们把这个结果乘以 3，也就得到了连续抛 3 次硬币正面朝上的期望次数：1.5（3 × 0.5）次。

上面这两种方法都是符合期望的公式的，只不过第二种方法是先计算抛一次硬币的期望，再乘以次数。从得到结果可以看出，期望的值可以是一个小数，可以是不可能出现的结果。我们都知道，连续抛三次硬币，不可能出现有 1.5 次朝上的结果，实际应用中次数必须是一个整数。其实，期望和我们之前的平均数是相通的，表示的是一种平均的结果。

好了，理解并知道了计算期望的公式之后，就可以来揭露赌场里庄家的伎俩了。我们不妨先来计算下面这个赌徒赢钱的期望。

某个赌徒走进了一家赌场，来到了一张摇骰子的桌边。这个赌徒对于“大小”非常感兴趣，准备把身上的钱当做赌注用于买大买小。

赌场的规则是先下注“大”或者“小”，下注金额规定为 100 美元，然后根据骰子的结果来判定。如果赌徒下注的结果为大，那么，骰子出现 4、5 或 6 这样的结果就是赌徒获胜；相应的，如果赌徒下注的结果是小，那么，骰子出现 1、2 或 3 即为赌徒获胜；其余情形庄家获胜。赌徒获胜的话，庄家需要返还赌徒此次下注的本金，并且另外赔付给赌徒赌注的 95%；庄家获胜的话，赌徒损失本金。现在，这个赌徒下注了 100 美元，下注的结果是“大”，那么赌徒的期望收益会是多少?

同样的，我们按照下面三个步骤来进行计算。

第一步：考虑所有可能的结果。这里的结果一共只有两种，非胜即负。但是，需要注意的是，赌徒胜的结果下，不但他的本金会返还，另外还有的收益是：95（100 × 95%）美元；赌徒输的结果下，他的本金不会返还，因此他的收益是-100 美元，即损失 100 美元。

第二步：考虑每一种结果发生的概率。赌徒投注的结果是大，骰子要出现 4、5 或 6 才能算赌徒胜利。由于骰子一共只有 6 个结果，因此，赌徒胜利的概率是：3 ÷ 6=1/2；同样的，赌徒输掉的概率也是 1/2。

第三步：计算赌徒的收益期望。根据公式，可以得到赌徒的收益期望值是：

$$95 \times 1/2+(-100) \times 1/2=-2.5\text{（美元）}$$

上面这个期望值是负数，这就意味这次赌博中，赌徒的期望不会有收益，而是损失 2.5 美元。当然，期望值表示的是一种平均的结果，可以断定的是，假如这位赌徒不断地这样进行下注，平均下来，他一场赌博要损失 2.5 美元。显然，赌徒所损失的那部分资金就进入了庄家的钱包。

但是，如果我们只看一场赌博，赌徒赢和输的概率都是 1/2，没有人会觉得自己会在这次下注中损失 2.5 美元，只会有两种结果，要么赢得 95 美元的收益，要么损失 100 美元的本金。所以，很多赌徒就抱着侥幸心理进行下注，当参与赌博的赌徒多了起来，根据期望，即使考虑了赔付，平均下来庄家也可以在一个赌徒那里获得 2.5 美元的收入。这就是庄家的伎俩。

6.1.3 预估下一次考试的成绩——更加复杂的期望

通过前面的两个小节，我们已经理解了期望的简单计算，并且能够将期望应用于赌博游戏中，发现庄家的那些伎俩。但是，对于概率的世界来说，这些事情的期望都是比较简单的，因为，掷硬币无非就是两种结果，而赌徒在下注之后也是非胜即负。这些事情的结果都非常明朗，并且它们的概率是很容易计算的。但是，期望值表达着一种平均水平，它的应用非常广泛，几乎人们对于未来的任何事情都可以求出相应的期望值，来为当下的决策提供一些参考。

例如，对于跳远运动员来说，在接下来的一次比赛中，他的成绩会是怎样的？这就是一个关于期望的问题，我们就需要求出这位运动员跳远成绩的期望值；如果你要参加考试，那么，你在考前应该如何预估自己在这次考试中会取得的成绩呢？这也是一个期望问题，你需要根据自己的实际情况，来求出在这次考试中成绩的期望值；在餐饮店的经营过程中，往往需要预估第二天各种食物的用量，也是在计算一个期望值……

对于上面这些看起来复杂的问题，可以发现一个共同点，那就是需要考虑的结果有许多种，远远超过前面掷骰子和硬币的游戏，甚至可以是无穷无尽的。例如，跳远问题中，在计算跳远成绩的时候，小数点后不同都可以当做是不同的结果；同样的，对于一次考试来说，不同的分数就是不同的结果；在餐饮店的经营过程中，食物使用量的结果更是有时候多有时候少，容易受到各方面的因素所影响，几乎每一天都是不同的……

那么，对于上面这些问题，我们还能够求出它们相应的期望值吗？答案是肯定的，处理办法就是化繁为简，划定范围。只要在同一个范围内，就是同一个结果。这样，看似无穷的结果也只会包含在几个不同的范围之中。当然，最后得到的期望值也是一个范围，但是，这对当下的决策仍然具有非常重要的参考意义。我们可以从下面这个例子来了解这种处理办法。

在准备某一门考试的时候，非常有必要预估一下可能取得的成绩。然后，为接下来的复习提供一些参考。预估越准确，准备考试时的心态就会越好，既不会飘飘然地过于乐观，也不会产生悲观消极的情绪。经过合理的预估，我们清楚自己的真实水平，就能够知道提高考试成绩的空间在哪里，这对于准备一门考试来说都是至关重要的。

现在，小明要参加一项考试，考试满分是 100 分。经过数次模拟测试，小明发现自己得分在 0～40 分的概率是 0，在 40～50 分的概率是 0.1，在 50～60 分的概率是 0.2，在 60～70 分的概率是 0.3，在 70～80 分的概率是 0.3，在 80～90 分的概率是 0.1，在 90～100 分概率是 0。那么，小明参加这次考试的成绩会是怎样的？

从上面这个问题就可以发现，我们把看似复杂的考试成绩进行了分段处理，基本是以 10 分为一个段位，也就是一个范围。而我们只要考虑的是这样的范围有多少个就行了。同样的，可以按照下面三个步骤进行处理。

第一步：考虑所有可能的结果。注意，这个结果也是一个小范围。从上面的问题可以看出，我们只需要考虑那些概率不为 0 的结果就行了。因此，这个问题中，小明在接下来的考试中，可能出现的结果就只有这五种情况：40～50、50～60、60～70、70～80 和 80～90。

第二步：计算每种结果出现的概率。这个问题中已经给明了，所以跳过。

第三步：计算期望值。这个地方和前面有些不同，由于我们的结果是一个范围，所以在计算的时候，就需要分别计算两端的期望值，最后得到的也是一个范围。

左端：$40 \times 0.1+50 \times 0.2+60 \times 0.3+70 \times 0.3+80 \times 0.1=61$（分）

右端：$50 \times 0.1+60 \times 0.2+70 \times 0.3+80 \times 0.4+90 \times 0.1=71$（分）

这时就可以得到，小明在接下来的考试中，他的考试成绩应该是在 61 ~ 71 分之间。

从上面的结果可以看出，我们得到的也是一个跨度为 10 分的范围，而不是一个具体的成绩。这个范围对于小明考前的准备工作，仍然具有非常重要的意义。如果这次考试是以 60 分为及格线，那么，小明正常发挥的话，是完全可以及格的；但是，如果想取得更好的成绩，仍然需要进一步的努力。

6.2 根据期望做决策

6.2.1 如何选择最好的投资方案

现代社会中，投资几乎已经成为每个成年人的必修课。“你不理财，财不理你”，已经成为大家的共识。随着金融行业的不断发展，无论身边的财富是多还是少，无论是喜欢高风险高收益还是厌恶风险追求安稳，每个人都有许多种投资方式进行选择，都有各种各样的投资方案进行选择。如何合理地投资，说到底是对于未来事件的一种预估，也是一个概率性问题。如何才能够得到收益最大的投资方案，这里面就涉及到了期望。

面对风云变幻的市场经济形势，理财产品的收益也会受到一定程度的影响。并且，对于不同的理财产品，受市场经济形势影响的敏感程度是不一样的。有的理财产品容易受到经济形势的影响，表现为高风险高收益，甚至有的产品还有一定的风险损失本金；有的理财产品的收益则是趋于稳定，即使在萧条的经济形势下，也能够有稳定的收益，并且无需担心本金受到损失，但是收益相对较低。

某位投资者准备拿出 10 万元进行某项投资活动，他看中了甲、乙和丙三种理财产品，准备选择其中的一种理财产品进行投资。这位投资者仔细地分析了这三种投资方式在不同的经济形势下的收益：

（1）对于理财产品甲来说，无论经济形势如何，理财产品甲的年收益始终是 5%，即投入 100 元，一年后除了拿回本金，还有 5 元的投资收益。

（2）对于理财产品乙来说，每年的收益明显受到经济形势的影响：在经济萧条期，理财产品乙不会有任何收益，只能够保住本金；在一般时期，理财产品乙的年收益略高于理财产品甲，能达到 8%；而在经济繁荣时期，理财产品的年收益明显好于理财产品乙，达到了 12%。

（3）对于理财产品丙来说，风险和收益并存，在经济萧条期，不仅没有收益，还会给本金带来15%的损失；在一般时期，股票期货的年收益能够达到15%；在经济繁荣时期，股票期货的收益在这些投资方式中能达到最高，高达 20%。

这位投资人对未来的经济形势进行了深入的研究，通过评估得到了未来各种经济形势出现的概率：经济形势繁荣的可能性是 0.4，经济形势一般的可能性是 0.3，经济形势萧条的可能性是 0.3。

那么，这位投资人应该选择哪一种理财产品，才能够让收益达到最大呢?

在上面这个投资问题中可以发现，甲、乙和丙这三种不同的理财产品各有利弊。在不同的经济形势下，收益也不相同，甚至有的投资方式还会给本金带来一定的风险。为了简化这个问题，我们可以计算出，在投资不同的理财产品时，这 10 万元在一年后得到的收益是多少。例如，如果这位投资人将这 10 万元用于投资理财产品甲，那么一年后他的收益就是 5000 元。总结起来，三种理财产品在不同经济情形下的收益如表 6-1 所示。

表 6-1　三种理财产品在不同经济情形下的收益

（单位：万元）

理财产品	繁荣	一般	萧条
甲	0.5	0.5	0.5
乙	1.2	0.8	0.0
丙	2.0	1.5	−1.5

要想选择收益最大的理财产品，就不得不考虑未来的经济形势。由于未来各种经济形势发生的概率已经知道了，所以就可以计算出每一种理财产品在未来一年内的收益期望，就可以比较不同理财产品收益的期望值，选择收益期望最大的理财产品进行投资。

对于理财产品甲来说，投资 10 万元一年后的期望收益是：

$$0.4 \times 0.5 + 0.3 \times 0.5 + 0.3 \times 0.5 = 0.5\text{（万元）}$$

对于理财产品乙来说，投资 10 万元一年后的期望收益是：

$$0.4 \times 1.2 + 0.3 \times 0.8 + 0.3 \times 0 = 0.72\text{（万元）}$$

对于理财产品丙来说，投资 10 万元一年后的期望收益是：

$$0.4 \times 2.0 + 0.3 \times 1.5 - 0.3 \times 1.5 = 0.8\text{（万元）}$$

通过比较甲、乙、丙这三种理财产品的期望收益，就可以得到理财产品丙的期望收益是最大的，投资 10 万元一年之后的期望收益是 0.8 万元，这个期望收益率达到了 8%。显然，在选择投资方式时，我们考虑的就是怎样的投资方式能够获益最大。并且，我们在计算期望收益时已经把风险计算进去了。所以，对于这位投资者来说，理财产品丙的投资收益期望最大，就应该将这 10 万元用于投资理财产品丙。这样做得话，一年之后的期望收益就是 8000 元。

6.2.2　什么时候到达约会地点最合适

在日常生活中，我们经常会碰到更复杂的情况。例如，在约会的时候，双方都规定了时间。但是现代人的生活节奏太快，双方都只能给定一个大概的时间。这时，就会出现下面这样的尴尬情形了：你来得早，而对方来得晚了，你等得很不耐烦，白白浪费时间；或者对方来早了，而你在最后时刻才火急火燎地赶过来，这样会给对方留下一个很不好的印象，觉得不被重视。而最想得到的结果就是：双方都是差不多时间到的，即使某一方先到，另一方也不用等太久，这样双方的时间都不会耽误。

那么，你应该怎样规划时间才能够让双方都满意，让这次约会能够顺利进行呢？

上面这个问题，其实还是一个期望的问题。如果我们认真分析，并且构建一个数学模型就能发现其中的奥秘。

这个约会问题中，双方只能够确定一个大致的时间段，而不是具体的约会时间点。无论是哪一方，如果等得太久，都会认为对方不够重视这次约会，晚来的一方不会给对方留下一个好印象，这会给约会蒙上一层阴影。因此，不妨设置一个和时间有关的印象分，把问题中的各个因素都用数字来进行描述，得到的数学模型如下：

约会时间和地点：甲和乙双方商定约会的时间段是上午 9 点到 10 点，约会地点是某个咖啡厅。

印象分评分细则（只考虑时间）：印象分满分是 5 分。如果有一方先到，等待对方的时间不超过 10 分钟，就不会扣印象分；每超过 10 分钟，这个印象分就要减少 1 分，不足 10 分钟的部分按照 10 分钟计算。例如，如果甲在 9 点钟到了，而乙在 9:53 才到，那么，从 9:10 开始就要扣除印象分了。到 9:50 时，刚好超出了 40 分钟，因此需要扣除 4 分印象分。另外，最后的 3 分钟也要按照 10 分钟计算，印象分再减 1 分。因此，最后得到的印象分就是：0（5-4-1）分。只有双方的等待时间不超过 10 分钟，印象分才是满分，也就是 5 分。

甲和乙的时间安排情况：甲并不知道乙具体到咖啡厅的具体时间点，但是甲确定对方一定会来这个咖啡厅与你约会，并且乙在每一时刻达到咖啡厅的概率是相等的。对于甲来说，经过规划和安排之后，他只能够选择 9:30、9:40 和 10:00 这三个时间点到达咖啡厅。

目标：求出甲到达咖啡厅的最佳时间点，让这次约会的印象分尽可能高。

对于上面这个问题，我们可以发现，要让印象分尽可能高，而甲并不知道乙到达咖啡厅的具体时间点，否则甲就可以直接在这个时间点到达咖啡厅，就不用建立模型这么麻烦了。因此，乙何时到达咖啡厅与甲约会，对于甲来说是一个概率事件。因此，根据乙到达咖啡厅的概率，就可以计算出印象分的期望值，这就变成了一个典型的需要计算期望值的问题。再看我们的目标，是要让这次约会的印象分尽可能高，其本质就是要让印象分的期望达到最大。

可能你又会问，难道期望不只是一个值，我们经过一次计算不就行了吗？其实，从这个约会问题中可以发现，当甲在不同的时间点到达咖啡厅，得到的印象分的期望值就会变得不同。所以，才需要我们从三个时间点里求出最合适的时间点，让这次约会的期望印象分达到最高。

如果甲在 9:30 到达咖啡厅，这次约会的期望印象分是怎样的呢？

第一步：列出所有可能的结果。在这个问题中，乙会在何时到达咖啡厅，这个结果可以确定到每一分钟，这样就会有 60 种。但是，不需要考虑这么复杂，因为印象分是以 10 分钟的时间段来打分的，因此，我们就以 10 分钟作为一个范围。那么，乙可能到达咖啡厅的时间就有这六种结果：9:00—9:10、9:10—9:20、9:20—9:30、9:30—9:40、9:40—9:50、9:50—10:00。

但是，我们仍然需要计算乙在不同时间段到达，相应的约会的印象分会是怎样的；如果乙在 9:00—9:10 内到达咖啡厅，那么，乙就需要等待 20 ~ 30 分钟，因此，印象分就要扣 2 分，也就得到这种结果下约会的印象分是 3 分；同样的，可以得到乙在 9:10—9:20 到达咖啡厅时，印象分是 4 分；在 9:20—9:30 到达咖啡厅时，乙等待的时间不会超过 10 分钟，因此印象分是 5 分。如果乙在 9:30—9:40 内到达咖啡厅，即使甲需要等待，但是等待时间也不超过 10 分钟，也就得到印象分是 5 分。当乙在 9:40—9:50、9:50—10:00 这两个时间段内到达咖啡厅时，得到的印象分依次是 4 分和 3 分。

第二步：计算不同结果下的概率。这个问题中，由于乙在每个时间点到达的概率是相同的，所以就可以得到每个时间阶段，乙到达咖啡厅的概率都是：$10 \div 60=1/6$。

第三步：计算期望。知道了每一种结果下的印象分和它发生的概率，我们可以根据公式得到印象分的期望值是：

$$3 \times 1/6+4 \times 1/6+5 \times 1/6+5 \times 1/6+4 \times 1/6+3 \times 1/6=4\text{（分）}$$

也就是说，如果甲选择在 9:30 到达咖啡厅的话，其得到的期望印象分将会是 4 分。

同样的，如果甲选择在 9:40 到达咖啡厅，乙到达咖啡厅的时间仍然是这六种结果：9:00—9:10、9:10—9:20、9:20—9:30、9:30—9:40、9:40—9:50、9:50—10:00。这六种不同结果下，约会的印象分依次是：2 分、3 分、4 分、5 分、5 分、4 分。由于每一种结果出现的概率都是 1/6，同样根据公式可以计算出期望印象分：

$$2 \times 1/6+3 \times 1/6+4 \times 1/6+5 \times 1/6+5 \times 1/6+4 \times 1/6=23/6\text{（分）}$$

最后，我们可以得到甲在 10:00 到达咖啡厅时，约会的期望印象分是：

$$0 \times 1/6+1 \times 1/6+2 \times 1/6+3 \times 1/6+4 \times 1/6+5 \times 1/6=2.5\text{（分）}$$

通过比较可以发现，当甲选择在 9:30 到达咖啡厅时，约会的期望印象分达到最大，印象分是 4 分。所以，对于甲来说，最好的选择就是在 9:30 到达咖啡厅。其实，即使甲有更多的选择，在 9:30 到达咖啡厅总会是期望分最大的。

6.2.3 大学生如何选择心仪的工作

如今，大学生的就业问题已引起社会的广泛关注。各行各业的就业岗位已经不能满足即将走上社会的大学生群体的需求，对于一些比较热门的行业或者岗位，往往形成了扎堆现象，大学生找到好工作的竞争压力也越来越大。值得庆幸的是，应届大学生们可以通过校园招聘来获得自己心仪的岗位，不用与社会上经验丰富的职场人士直面竞争。应届毕业生往往可以在校园招聘里得到不同公司的面试机会，一些优秀的毕业生甚至可以得到不同公司的入职机会。这时，大学生们应该如何进行决策，选出自己最心仪的工作岗位呢？

现在，有三家公司为大学毕业生甲提供了面试的机会，按面试的时间顺序，这三家公司分别记为 A、B、C，每家公司都可提供极好、好和一般三种职位。每家公司根据面试情况决定给求职者何种职位或拒绝提供职位。按规定，双方在面试后要立即做出决定提供、接受或拒绝某种职位，且不能毁约。甲一时难以做出决策，就咨询了学校的职业指导老师。老师在为甲的学业成绩和综合素质进行评估后，认为甲获得极好、好和一般的可能性依次为 0.2、0.3 和 0.4，还有 0.1 的概率不能通过面试。甲了解到，三家公司所能够为自己提供的工资如表 6-2 所示。

表 6-2　A、B、C 三家公司为甲提供的工资情况

（单位：元）

	极　好	好	一　般
A	3500	3000	2200
B	3900	2950	2500
C	4000	3000	2500

如果把工资作为首选条件，那么甲在各公司面试时，对该公司提供的各种职位应作何种选择?

对于上面这个问题，我们可以看出 A、B 和 C 这三家公司给出的工资还是有一定的差别。由于职业指导老师已经分析了甲面试后获得每一种职位的概率，并且甲已经知道了这三家公司不同职位下的工资，所以可以先计算出甲面试这三家公司时的期望工资是多少。

对于 A 公司来说，甲单独面试这家公司的期望工资是：

$$0.2 \times 3500+0.3 \times 3000+0.4 \times 2200=2480\text{（元）}$$

对于 B 公司来说，甲单独面试这家公司的期望工资是：

$$0.2 \times 3900+0.3 \times 2950+0.4 \times 2500=2665\text{（元）}$$

对于 C 公司来说，甲单独面试这家公司的期望工资是：

$$0.2 \times 4000+0.3 \times 3000+0.4 \times 2500=2700\text{（元）}$$

通过比较就可以发现，对于甲来说，面试 C 公司获得的期望工资是最高的，能够达到 2700 元。那么，是不是甲只要去面试 C 公司就行了呢?

其实不然，如果细心一点的话就会发现，C 公司的面试时间是排在最后面的。而 A 公司和 B 公司都有比 2700 元工资更高的工作岗位，因此，对于甲来说，最好的决策并不是只面试 C 公司，而是依次面试 A 公司和 B 公司，最后再面试 C 公司，直到得到那个工资最高的职位为止。那么，在不同的面试阶段该如何做出选择呢?

这时不妨进行逆向推理。面试 C 公司的期望工资只有 2700 元，并且 C 公司的面试时间紧接在 B 公司之后，并且 B 公司只有一般职位的工资是低于 C 公司的期望工资。所以，对于大学生甲来说，如果面试 B 公司得到的是一般职位或者没有得到职位，都得再去面试 C 公司，C 公司的期望工资是 2700 元，概率是 0.5（0.4+0.1）；如果面试 B 公司得到的是好或者极好的职位，就可以接受，其中得到好的职位的概率是 0.3，工资是 2950 元，得到极好的职位的概率是 0.2，工资是 3900 元。因此，此时，甲的期望工资就变为：

$$0.5 \times 2700+0.3 \times 2950+0.2 \times 3900=3015（元）$$

最后，我们再看 A 公司。A 公司面试时间安排在最前面，只有极好职位的工资是超过了上面的期望工资。因此，对于甲来说，如果面试 A 公司的时候得到的职位是极好的，就可以接受，概率是 0.2，工资是 3500 元；如果面试 A 公司得到的职位不是极好的，或者说没有得到职位，那么就接着面试 B 公司，期望工资是 3015 元，概率是 0.8（1-0.2）。因此，大学生甲在最开始的期望工资就变为：

$$0.2 \times 3500+0.8 \times 3015=3112（元）$$

从这个结果可以看出来，这个期望工资远远高于单独参加一家工资面试的期望工资。对于甲来说，他此时的决策应该是：先去A公司应聘，若 A 公司提供极好职位就接受；否则，就去 B 公司，若 B 公司提供极好或好的职位就接受；最后去 C 公司应聘任意一种职位。这个时候他的期望工资达到了最高，即 3112 元。

从这里也给那些即将找工作的大学生们一个启示，要想找到待遇更好的工作，仅仅面试一家公司是远远不够的。最好的办法就是多参加一些公司的面试，并且合理地做出决策，这样才能够找到心仪的好工作。

6.2.4 你还在买彩票吗

随着社会生活的丰富，人们都喜欢在空闲的时候购买彩票，社会上也有一些资深的彩民。每次彩票开奖前后，彩民朋友们都喜欢聚在一起，互相讨论各自的研究战果。在一些门户网站上也会有关于彩票的新闻，让彩民朋友们一睹为快。其实，无论彩民朋友们的研究战果如何，彩票中不中奖归根到底也是一个概率性事件，与数学有着紧密的联系。特别需要注意的是，每一期的彩票开奖结果都是一个独立事件，与前面的中奖结果没有关系。这和彩民们喜欢研究某些号码的趋势是相矛盾的。要想深刻地理解彩票，我们可以分析一下买彩票的期望收益是多少。

这里以体育彩票为例，进行研究彩票中奖的期望收益问题。通过一些简单的概率计算，得到了一注体彩中奖的概率如下：

特等奖的中奖概率是：1/10000000

一等奖的中奖概率是：1/1000000

二等奖的中奖概率是：20/1000000

三等奖的中奖概率是：300/1000000

四等奖的中奖概率是：4000/1000000

五等奖的中奖概率是：50000/1000000

将上面这些奖项的概率相加，就得到了一注体彩的中奖概率是：0.0543211，这就是说每1000注彩票约有54注中奖，中奖概率只有5.4%左右。其实，总体来说，各类彩票各奖级的中奖几率总和在4%～5%左右。如果要中奖金数目大的最高奖，概率一般为几十万至几百万分之一，难度更大，是可遇而不可求的。

由于大多数彩票的奖金是浮动的，计算期望的具体值比较复杂，但是可想而知，越大的奖项，概率的分母就越大，最后得到的期望收益必定是一个负数。这也就意味着每购买一注彩票，它的期望收益是负的，我们处于概率上的不公平地位。如果购买彩票的次数多了，往往会亏钱。因此，对于购买彩票，只能是本着轻松娱乐的心态，而不能对回报有过高的期望。

6.2.5 委托—代理关系中的期望

随着现代社会经济的发展，社会分工的程度越来越高，在某些事情上，采用委托—代理的方式来解决也就越来越普遍了。其实，社会里面的许多关系都可以称之为委托—代理关系。例如，老板和员工，其中老板就可以看作委托人，而员工则可以视为代理人，委托人（老板）和代理人（员工）签订契约，代理人（员工）为委托人（老板）的利益进行工作并且获得相应的报酬。

在老板和员工的关系中，老板和员工双方都是有自己的心理期望的。作为老板的，当然希望自己的员工拿更少的工资，能够更加尽职尽责地做好工作，从而为自己带来更高的利润；而作为员工的，他们内心的期望则和老板相反，都希望在拿到薪酬的同时，能够尽量少工作。那么，对于老板和员工关系中的这种本质冲突，应该采用怎样的措施来进行调节，让双方的关系能够达到一种平衡？

这时，不妨利用数学期望来分析这一问题。

首先，为了简便问题，我们将外界因素的影响简单综合为经济环境因素，并且它有两个评级：经济环境好和经济环境差，并且只认为老板的利润会受到员工工作的努力程度和经济环境的好坏影响。一方面，在经济环境不变的情况下，随着员工的努力程度而增加，老板获得的利润也会增加；另一方面，如果员工的努力程度不变，老板的利润也会受到外界因素的影响，即经济环境的好坏程度。需要注意的是，这里的利润减去了老板需要付给员工的基本工资。为了进行定量分析，我们不妨进行假设，将这两方面的影响如表 6-3 所示。

表 6-3　老板的利润表

（单位：万元）

员 工 表 现	经济环境差	经济环境好
努力工作	16	20
不努力工作	10	16

由表 6-3 中的数据可知，只有当利润为最小（10 万元）和最大（20 万元）时，老板可确定员工是否努力工作，而其他情况下无法确定，因为老板得到的利润都是 16 万元，因而，员工可能没努力工作也可能是努力的工作。另一方面，员工工作只是为了工资收入，努力工作会增加他的劳动成本。简单起见，其努力工作时增加的劳动成本为 1 万元，而不努力工作增加的劳动成本为 0 元，这很好理解，不努力的时候当然没有额外的劳动成本。进一步，不妨假设经济环境差和经济环境好的概率都是 0.5，这个时候，可以计算出老板在员工不同表现时的利润期

望了。

当员工努力工作时，老板的利润期望是：18（16 × 0.5+20 × 0.5）万元；当员工不努力工作时，老板的利润期望是：13（10 × 0.5+16 × 0.5）万元。显然，前者更高些。这也就验证了一点，对于老板来说最有利的结果当然是员工努力工作。因为，员工努力工作时，老板的期望利润更高。

上面我们计算的都是老板没有给员工做出任何激励的时候，老板在员工不同表现时的期望利润，而我们都知道，没有激励，员工是不会付出那1万元的额外劳动成本的，也就不会努力工作。那么，作为老板，应该如何能保证员工能够努力工作呢？

我们可以考虑对比下面三种不同的奖金模式。

第一种：无论老板获得怎样的利润，都不对员工的努力作出任何的奖金。也就是说，员工是否努力，其基本工资水平都是不变的，并且老板只付给他们基本工资。

第二种：如果老板的利润不超过 20 万元，不给员工任何奖金；如果老板的利润达到 20 万元，就从利润里面抽出 3 万元作为员工的奖金。

第三种：如果老板的利润少于 16 万元时，不给员工任何奖金；如果老板的利润高于18万元时，就把利润超过的部分作为员工的奖金。

在这三种奖金模式下，分别考虑老板和员工双方的期望。

对于第一种情况：员工无论努力与否，工资水平不变。但若努力工作，会增加劳动成本1万元，因此员工一定选择不努力工作。对于老板而言，这种情况下得到的净利润的期望只能为：13（10 × 0.5+16 × 0.5）万元，而员工努力工作时，老板可获得的利润高达18（16 × 0.5+20 × 0.5）万元。因此，固定工资必然会导致效率低下，同时，老板的期望利润也很低。

对于第二种情况：对员工而言，当其努力工作时，由于受到经济环境的影响，有可能有奖金拿，也有可能拿不到奖金。通过计算，员工的奖金期望是：1.5（3 × 0.5）万元，减去增加的劳动成本 1 万元，也还剩下 0.5 万元，这也是员工努力工作所赚来的额外收入，而如果不努力工作，这部分额外的收入就没有。所以员工一定会选择努力工作。在这种情况下，老板的期望利润为 16.5（(16−0) × 0.5+(20−3) × 0.5）万元，较之第一种情况大为增加。

对于第三种情况：对员工而言，当努力工作时，期望奖金收入为：2（0 × 0.5+(20−18) × 0.5）万元，减去劳动成本 1 万元，也还剩下 1 万元，这也是员工努力工作所赚来的额外收入；而如果不努力工作，无论经济环境怎样，老板的利润都不可能超过 16 万元，所以员工不可能拿到奖金，也就没有额外的收入。比较起来，所以员工会选择努力工作。在这种情况下，由于只有利润超过 18 万元时，老板才付给员工奖金。然而，利润超出的部分都要作为员工的奖金，所以，老板的期望利润不用计算。无论经济环境怎样，老板的利润都可以确保为 16 万元，较之第一种情况也是非常有利的。

通过比较上面的三种奖金模式，我们可以发现当老板对员工进行奖金激励的时候，员工也会通过努力工作给老板带来更高的利润。尤其是在经济环境不确定的情况下，老板如果合理制定一些激励机制，从而能够让自己的利润水平趋于稳定，如第三种奖金模式。当然，除了老板和员工，其他的委托—代理关系中，委托人使用激励机制，把自己的利益有效地融入代理人的利益之中，同样有利于平衡双方的内在矛盾，从而取得双赢的效果。

第7章

赌徒不能明白的道理——大数定律

大数定律，许多人都听过这个词，有时候也会用到这个词。但是，到底什么是大数定律？大数定律从何而来？大数定律有哪些作用？生活中的哪些地方体现了大数定律？对于这些问题，可以说，绝大多数人都不明白。大数定律作为一个应用非常广泛的基本定理，非常有必要进一步熟悉和了解它，而不仅仅停留在“只知其名”这个层次。

7.1 大数定律和中心极限定理

对于大数定律，绝大多数人都知之甚少。如果再说到中心极限定理，那么，知道它的人就更少了。其实，这两个定理都是统计数据中的基本定理，它们之间的关系也非常紧密，并且都和“大数据”脱不了关系。对于这两个重要的定理，一方面它的思想算是比较简单的，另一方面，它的具体内涵又非常丰富多变。因此，这就需要我们先掌握它的基本思想，再了解它们的具体应用。

7.1.1 大数定律怎么来的

一说到大数定律，许多人第一个联想到的就是赌博。确实，人们也经常用这个词来劝诫那些赌徒，告诉他们，正是因为大数定律的存在，无休止的赌博永远不可能战胜庄家的，即使庄家不出老千。确实如此，大数定律是赌场能够在众多赌徒中立于不败之地的一个根本科学依据。

那么，大数定律到底说了啥呢？许多人声称自己知道大数定律，但是对于这个问题，大多数人都会吞吞吐吐回答不上来。大数定律是一个与概率和统计密切相关的基本定理。它说的就是在随机事件的大量重复出现，往往呈现几乎必然的规律，这个规律就是大数定律。通俗地说，就是在试验条件不变的情况下，重复试验多次，随机事件的频率就越来越接近于它的概率。如果从哲学的角度来看，对于大数定律，其实就是偶然中包含着某种必然，必然中又存在偶然的辩证观点。

大数定律，有人也把它叫做大数法则，它到底从何而来呢?

大数定律，最初是出现在经济学的统计调查中，当时的经济学家发现了统计数据中表现的这种规律性，只不过当时还没有进行明确的定义和严格的证明。从这一点来说，它又可以看作是一个经济学中的概念。早在 17 世纪的时候，英国著名的经济学家约翰·戈劳特，根据多年的统计经验，通过分析大量的统计数据，揭示了统计数据中的这种规律性。他指出统计数据中的单一事物的各种现象在整体上受着某种严格规律性的支配。这其实和今天大数定律的基本思想很接近了，只不过他并未从概率的角度来进行描述。

说到大数定律，不得不提到统计归纳，因为大数定律和统计归纳是密不可分的。因为在统计数据的时候，我们可以从大量的数据中归纳得到某种规律。通常来说，数据的量越大，归纳得到的结论相对就越可靠。统计归纳的作用在各个领域都得到了体现，无论是自然科学领域，还是人文社科领域。

在自然科学领域，研究人员通过大量的试验数据，从而归纳得到某种自然规律，甚至可以说，我们习以为常的自然现象也是在一定的统计归纳基础上得到的，如昼夜的交替和太阳的东升西落等。

而在研究人类社会行为的社科领域，统计归纳的作用也是如此。无论是经济统计专家，还是人口统计专家，虽然他们的统计目的不同，但是归根结底，都是想从收集的数据中找到人类社会的某种共性。而有意思的是，统计收集到的数据越多，这种共性或者说是规律就越来越得到体现。最初那一堆看似毫无关联的数据，放到一起看，就会慢慢发现彼此之间的联系，总体显现某种趋势。但是，在这总体的数据当中，如果单独抽出其中某一个数据，则又体现出了随机性和偶然性。

总之，在统计归纳的时候，数据越大，就越能够归纳得到某种必然的规律，同时，这种结论相对来说就越可靠。到了 18 世纪初期，数学家伯努利经过重复性试验的研究，提示并且证明了大数定律。至此，大数定律才成为一个严谨的科学定律。这个定律的核心思想是，对于重复性的事件，统计的次数越多，它的频率越接近于它的概率。

这也就说明，对于那些看起来充满各种偶然的事件，我们不用计较一次两次的结果，因为着眼在一个个的个体上看，是杂乱无章、毫无规律、难于预测的；相反，应该用大数的思想来看待，尽可能收集更多的数据，然后对这些“大数据”进行分析，忽视掉那些由于偶然性而产生的个体差异，就会发现整个总体能够呈现某种稳定的形态，这样才能够得到隐藏在数据之后几乎必然的规律，并且能够根据这种结论来预测新的现象。

例如，桌面上放着的玻璃杯是静止的，但是我们都知道，玻璃杯是由不同的分子组成的，而且，每一个分子无时无刻不在进行不规则运动，可是，整个杯子却是安静的。还有，我们待在没有封闭的房间里的时候，空气中的每个分子的位置、速度和方向等无时无刻不在变化着，它们都有一定的概率会通过门窗离开这个房间，并且概率一定大于 0，但是，事实上根本无需担心房间里的所有空气都会离我们而去，因为这些空气总是维持着一种动态平衡。另外，河流里面的水分子，它的运动也是极不规则的，但是河流确实有实实在在的流向的，并且这种流向是比较稳定的。

所以，可想而知，在大数据时代的今天，人们对于数据越来越重视，对数据的收集也越来越广泛。特别是，随着计算机的出现和科技的发展，我们对于数据的存储能力和计算处理能力也越来越强。这也就意味着，我们再也不用局限于在海量的数据中如何进行抽样、如何再用样本来估计总体，而是直接分析海量数据。根据大数定律，这样分析得到的结论也就误差更小，更能接近真实情况。特别是，利用分析大数据得到的结论，又可以用来对未来做出预判，可以应用于深度学习、人工智能等领域。

7.1.2 社会中的大数法则

大数定律，或者叫大数法则，可以说，它是随机世界中的一双无形的手。当然，并不是这双无形的手改变了我们的世界，但是，这个随机世界确实是在遵循这一法则，无时无刻不在这双无形的手掌控之中，包括人类社会。

先不说别的，就说说人类社会。稍微年长的人都曾慨叹过人世间的百态：“林子大了，什么鸟都有。”这些都表明了人与人之间的不同，即使是双胞胎，彼此之间也会有不容忽视的差异存在。在人类社会中，看起来每一个人都在自由地做出各自不同的选择，每个人都有着不同的相貌、各自独特的人生经历，都面临着各自不同的问题或者困境，这里面体现了各种各样的偶然性。

然而，当我们在面对多数人，面对一个较大群体的时候，就能够逐渐发现那些隐藏在人群中的规律。当然，这些规律从另一个角度来说，可以是某种关系。例如，之所以要进行人口普查，就是因为通过研究人口普查收集到的数据，能够从中发现人们的平均寿命和性别、教育程度和收入、职业和疾病、性别比和出生率等之间的关系，这些关系就是研究这些数据所能够发现的规律。这就是群体才能够体现出的稳定性，而得到这些规律的意义就在于，政府能够根据它们来制定更加合理的政策。

可能你还会疑惑，这不就和普通的统计分析一样吗，只要给出一堆数据，通过统计分析，总能够得到某些结论。显然，你仍然没有体验到大数法则的威力，没有感受到被它支配的魔力。我们仍然来说人口普查的一个例子，它很好地说明了人类社会中确实隐藏了大数法则。

话说一位统计学家通过调查发现，男女比例在全欧洲各地几乎都是一样的，这个比例为22:21。然而，只有巴黎有点不同，为25:24。这个细小的差别究竟是地区差异造成的？还是统计误差导致的呢？这位统计学家并没有放过这极小的差别，他决定去查个究竟。果然，他最后发现，当时巴黎的风气是重女轻男，当地的人们更愿意抚养女婴，有些人甚至会丢弃刚刚出生的男婴。经过对巴黎男婴与女婴出生比例的再次调查，在对数据进行一番修正后，得到的比例依然是 22:21。而更加巧合的是，在中国历次人口普查的结果中，男婴与女婴出生的比例也是22:21。

好了，至于为什么这个比例是 22:21，我们就不再细究了，这个例子只是用来证明，在人类社会也同样遵循着大数法则。人群中，表现出来的往往都是个体在潜移默化中受到群体的影响，群体总会维持着一种动态的稳定性，尽管群体里面的个体彼此之间存在差异。总之，个体的偶然性会被群体所冲淡，我们不得不承认的是，人类社会中，少数服从多数，多数会表现得更加稳定。

如果我们要说到伦理道德方面，仔细想想也会发现，人类的道德体系某种意义上遵循着大数定律，能够体现出个人要服从多数的特点。一方面，在日常生活中，违反道德的毕竟都是少数人，而对于多数人来说，行为都是在基本的道德约束范围内的。例如，喜欢随地吐痰、公共场所大声说话影响他人等，这些不道德的行为时有发生，但是相比较而言，这些行为毕竟是少数不讲道德规范的人造成的，而大多数人不会随地吐痰、在公共场所打电话也会有所注意。

另一方面，几乎每个人对遵守道德的行为都是持肯定赞赏的态度，而对于那些有违道德的行为，我们大多数人心里都是抵触的，甚至会进行谴责。例如，在车上，看到某位年轻人给老年人让座，一定会欣赏这种谦让的行为；又如，对于那些毕业后主动去贫困山区支教的大学生，也会佩服他们的奉献精神。相反，对于那些满嘴谎话、不讲诚信的人，自然就不太想和他们打交道；而对于那些出轨行为，大多数人也会从心里进行谴责。

总之，可以这样说，社会中的伦理道德就是根据多数人的行为自发演化得到的，不像法律那样有严格的立法机构和程序。人们眼中的是非往往就是源于大多数人的意愿，这种是非判断就形成了基本的伦理道德。大多数人觉得合理的行为就会受到肯定和支持，也就是说，这种行为是道德的，至少是在道德容忍的范围内；反过来，如果大多数人都觉得不好，这样的行为往往就是违反了我们的道德体系，甚至是触犯法律底线了。如果一个人的行为和大多数人的行为越接近，这也就意味着他的行为至少不会受到人们的否定。并且，通常情况下，这样的行为是在伦理道德所允许的范围内。所以说，社会中的伦理道德，就是大数法则的一个典型体现。

关于大数法则在人类社会中的体现还有很多方面，这里就不再逐一细说了。现在我们已经知道了，即使是地球的最高等生物——人类，也在自发遵循着大数法则。这对于人类社会来说，并不是一件坏事。我们不妨想一想，如果没有大数法则，人类社会将会变成怎样?

一旦没有大数法则，那么，多数人的行为就不会再有稳定的预期，更不会慢慢地形成某种约定俗成的行为习惯。我们将无法知道、什么样的行为是对的，什么样的行为又是错的、什么是正常的，什么又是不正常的，因为每个个体的行为都是随机和偶然的。这也就意味着社会的任何评价体系都无法建立，任何事物的标准也就无法建立，人类社会将会无法形成稳定的秩序，整个人类就会变成一盘散沙，我们整个生活都会在一片混沌黑暗中度过。可以说，这样的世界将比原始社会更加让人恐怖，因为即使是原始社会，在某种意义上，也在遵循着弱肉强食、优胜劣汰的生物法则。

正是因为大数法则的存在，才能排除那些极端分子的影响，才能让社会秩序的话语权掌握在多数人手中，才能从人们的日常生活中慢慢形成人类社会现在的评价体系，这种体系又维持着人类社会秩序的稳定，让人们的日常生活在比较稳定安全的环境中进行。

7.1.3 “一叶知秋”的中心极限定理

中心极限定理，其实和大数定律一样，都在统计学中有着非常重要的理论地位，并且都和“大数”是相关的。前面已经了解到统计中的抽样调查，对于一个看起来数据量很大的总体，我们只要抽取其中的一部分，就能够对总体做出判断。如果样本选择合理，得到的结论准确率往往让人惊叹，完全可以用“一叶知秋”这个成语来形容。

例如，在美国总统大选中，要调查谁的支持率更高，并不需要向全美国几亿人挨家挨户地打电话、登记信息，只需要抽取其中的数万人，统计这些人的支持意愿，就可以知道全美国人们的心里都在想着什么，往往能够准确地预见谁能够在总统选举中获得胜利。

又如，刚下生产线的一批电灯泡，需要测试它们的寿命怎样，我相信，谁也不会傻到一个一个灯泡地进行寿命测试，这样既浪费时间又费力，而且测试完的肯定无法再销售了，即使得到的结论是灯泡寿命正常，也毫无意义了。这时，就会挑选一些样本出来测试，这样得到的结果就是对这一批灯泡使用寿命的估计了。

好了，到了这里，智慧的人们已经知道通过抽样来估计总体，只要抽样的过程是合理的，这样得到的结果往往也还不错，主要是省时省力。既然大家都对抽样调查的做法比较认可，抽样调查的效果也不错，那么，为什么能够用抽取的样本来估计总体呢？

在统计分析中，经常用到样本来估计总体。例如，前面提到的美国大选调查和灯泡寿命检测，而能用样本估计总体的奥秘正是来自于中心极限定理。可以说，中心极限定理是统计学中抽样调查等许多统计活动的理论基础，而这些统计行为都必须遵循这一定理。如果中心极限定理不成立，那么，抽样调查也就不会再有任何统计意义了。那么，中心极限定理到底是什么呢？它的作用又是如何体现的呢？和大数定律一样，中心极限定理的基本思想并不复杂，描述出来也就一句话的事。这里，我们不妨再从下面的例子来好好体会。

在统计课上，老师决定调查统计学的科普程度，于是，他给同学们布置了一份作业。要求每位同学在一周内去地铁口随机调查 20 位路人，让他们填一份问卷，以调查其对统计学的了解程度，最后将得到的问卷交给老师。老师一再叮嘱同学一定要诚信、踏踏实实地进行问卷调查。一周后，老师在查看收集到的问卷时，发现小明同学所有问卷的性别都填写着“男”，便认定这些问卷是他自己填的，都是无效的问卷，便把小明叫到了办公室。果然，小明承认了问卷全都是他自己填的，也没检查就直接交给了老师。

好了，看了上面的例子，你一定会觉得这个小明也太笨了。既然是随机的问卷调查，调查的人群中又是男女性都有，那么，问卷上面的性别应该有男有女嘛，全都写男性，这样的问卷又怎么可能蒙混过关呢？确实，当老师看到小明的 20 份问卷的性别全是男时，小明这种偷懒的做法就完全暴露了。如果你能够体会到这些，那么，你就已经基本理解了中心极限定理的最核心思想了。我想，如果小明也懂一点中心极限定理，那么，他一定能够伪造出“合格”的问卷。

总之，中心极限定理，在我们的日常生活中也是很有用的。了解中心极限定理之后，我们会对各种各样的统计分析有更加直观的感受，学习起来更有兴趣。那么，中心极限定理的基本思想到底是什么呢？

中心极限定理的基本思想就是，合理的样本和它所代表的总体之间是存在相似关系的。是不是很简单呢？但是，要进一步解释起来还是有点复杂的。我们都知道，在总体中可以通过抽样得到多个样本，在得到的这些样本之间总是存在一定的差异，例如，在调查问卷时，每个同学收集得到的问卷中男女比例不尽相同。但是，对于样本和总体之间，往往它们之间存在巨大差异的概率是较低的，这不像样本与样本之间。

正是因为样本和总体之间这种密不可分的相似性，所以，当小明的调查问卷中全都是男性、而调查的总体男女比例是比较均衡的，正是这个巨大的差异，让老师肯定小明的问卷存在问题。也许，你仍然会问，小明随机调查了 20 名女性，这样也可能啊？这时，你不妨计算一下概率，就会明白了。在地铁出口这样的开放环境，我们假设男女比例是 1:1，那么，对于每一张调查问卷，小明将问卷发给男性的概率就是 1/2，20 张问卷都发给男性的概率就是 1/2 的 20 次方，这个数字就相比一百万分之一还小，几乎可以认为是不会发生的事件。所以，小明的问卷一定不是通过随机的抽样调查得到的。

我们再假设如果小明理解了中心极限定理，他仍然想蒙混过关，自己填写这 20 份调查问卷，那么，他应该怎么办呢？这时，小明明显学聪明了。他知道，地铁门口的人流量中男女比例均衡，可以近似为 1:1，因此，小明将 10 份问卷的性别填成男，另外 10 份问卷填成女，这样，这 20 份问卷（样本）的男女比例就接近总体了。老师看了，就不会知道这些问卷都是小明自己填的。其实，在小明填的问卷中，男女比例是 10:10、11:9、12:8、13:7 或者反过来，这些基本都是没有问题的。总之，根据中心极限定理，样本要尽可能和总体相似，它们之间的差异不会太离谱的。当然，我们反对小明这种偷懒的做法。

对于中心极限定理，我们可以应用到生活中的更多方面。这里只是介绍中心极限定理的基本思想，对于它的公式和相关的证明，感兴趣的读者可以自己去进一步探讨。接下来，我们就讲讲中心极限定理对于统计的作用了。

首先，如果抽样合理的话，只要我们知道总体的性质，就可以直接得到样本的相关性质，无需再对样本进行分析。这里的合理指的是通过正确的方式进行抽样，抽样的方法在第 4 章有详细的介绍。例如，如果我们知道了一个班级中所有学生的平均考试成绩，那么，如果随机抽取其中四分之一的学生，显然，他们的成绩就可以用班级平均成绩来进行估计，而不用再进行计算了。

其次，也就是将上一点反过来说。既然可以根据总体的某些性质来判断样本是否合格，那么，也就可以根据合格样本的性质来反映总体。这其实就是抽样调查，好处就是不用费事费力，就完成那些不可能完成的统计任务。例如，上面故事中的老师想要弄清楚统计学的科普程度，这样的统计任务可以说是不可能完成的，只能够进行抽样调查，而这样做的依据就是中心极限定理。前面说过的美国大选民意调查、灯泡寿命检测等都是抽样调查的典型例子。

还有，我们可以像小明的老师那样，根据总体的某些性质来判断某个样本是不是从这一总体中得到的。这样做的好处就是，我们可以以此来剔除那些不合格的样本，就像老师将小明的问卷（样本）作废一样。要知道，样本和总体之间的相似性是体现在各个方面的，小明的老师利用的就是男女比例这一点，因为这个很好判断，也容易计算，所以老师以此为评判依据即可，不用考虑其他方面的相似性。即使小明问卷的其他地方看起来没有任何问题，这些问卷仍然应该被视为不合格的样本。

最后，如果我们手里有两个样本，根据中心极限定理，也可以判断这两个样本是否取自同一个总体。如果两个样本的平均数之间差距太大，那么，它们极有可能是来自两个不同的总体。例如，对于两所不同的学校，一所是重点学校，另一所是普通学校。我们手里有两组学生的考试成绩。但是，由于统计人员的疏忽，不知道哪一组数据是取自重点学校的学生，哪一组数据是来自普通学校。现在，我们知道，重点学校学生的平均成绩要比普通学校好，那么我们该怎么办呢？

聪明的做法就是：先分别计算出这两组数据各自的平均值，也就是每个样本中学生的平均成绩。接着，再来比较这两个不同样本的平均成绩。如果一组样本的平均成绩明显高于另一组，那么，我们就有把握说这一组样本取自重点学校，也就是说，另一组样本取自普通学校。当然，也有很小的概率，这两个样本的平均成绩看不出什么太大的差异，只要取样是合理的，这样的情况一定是小概率事件。

7.2　大数定律的那些事

7.2.1　大数法则——赌徒的最大敌人

关于赌博，有一则小故事。话说一位赌王刚接手赌场的时候，虽然赌场的业务蒸蒸日上，但是他对于赌场的未来仍然有点担心。为此，赌王向前辈请教：“赌场里面的这些赌客总是输，长此以往，一旦他们不来赌了怎么办？”前辈听完，笑着反问：“这世界每天都死人，你可见这世上少人？”

不用探究故事的真实性，但是，该前辈的回答甚是巧妙，轻轻一句话，就点出了赌场赚钱的奥妙。赌场，本质上就是一个玩弄概率的场所，赌徒和庄家都是博弈的双方。而凌驾于这场博弈之上的，就是大数定律，这就是赌场能够赚钱、赌徒大多输钱的根本原因。

那么，赌场是如何依靠大数定律而立于不败之地呢？

不妨再来看个小故事。某天，中东的一位石油王子来到赌场赌博。这位王子找到了赌王，说："我想和你玩最简单的掷骰子，出小（1、2、3）我给你 10 亿美元，出大你把赌场给我。"

赌王听完之后，微笑着向王子解释："您说的游戏规则确实是公平的，但是，我们赌场的规则不允许玩这么大的赌博，我们从来不做一锤子买卖。如果您还想玩，我们不妨从玩 500 次掷骰子，如果您赢得次数多，我这个赌场就是您的；如果我赢得次数多，到时候您再给我 10 亿美元也不迟。"

显然，这个故事是虚构的。在现实世界中，且不说有没有王子这么大的赌注，即便有赌场也是不会接受的。赌场里面的所有赌注都有下注额的限制，而最高下注额绝不会太高；也会有个最低下注额，也就是赌徒每一次赌博所下注的金额至少要达到该要求。通常，这个最低下注额都会很小，对所有赌徒来说都是毫无压力的。赌场这样的做法表面上看起来，对于赌徒来说也是公平的，但是，这些做法本质上为了尽可能地让大数法则起到真正的作用。

由于下注额度的限制，特别是最高下注限额，这样就防止了赌场会受到较大的风险。例如，如果上面的赌王接受了中东王子的赌博邀请，那么，他就必须面临失去整个赌场的巨大风险，这个风险的概率是 50%。试想一下，平时去赌场的赌徒们，如果有人说他要赢下整个赌场，那么，即使他的赌技再高超，旁人也一定会认为他是一个疯子。因为，即使他每次都按照最高限额下注，要想赢下整个赌场，这样的概率几乎无限接近于 0。这样的风险，和前面比起来，赌王无需再担心赌徒会让自己倾家荡产了。

另外，开赌场利用的是大数法则，而大数法则，次数越多越能够得到体现。因此，由于赌徒每一次赌博时的期望收益都是负的，根据大数法则，赌博时间久了，下注次数多了，那么，赌徒就必输无疑，这正应了一句话，“久赌神仙输”。由于最低下注额对赌徒们来说没有压力，所以，那些想碰一碰运气的赌徒们，无论是第一次进入赌场的谨慎玩家，还是挥金如土、一掷千金的土豪，他们都要在限制额度内下注。看似赌场在一两次赌博中可能让赌徒赢钱，让自己亏钱。但是，这样能够大大增加赌场里面赌徒的下注总次数，从而构成一个很大的总数，这就好比小刀锯大树，可以保证赌场在这些赌徒身上赚钱。总之，只要在下注额限制范围内，赌场根本无需担心你赢钱，就怕没有赌徒来玩这一场概率游戏。

赌场为了进一步增加赌徒的下注次数，往往还会 24 小时营业，尽可能地让赌徒们留在赌场里。同时，赌场里面往往还滋生了各种借贷业务，对于那些信用度高的客户，赌场甚至可以借钱供你赌博。总之，赌场的这些做法都是为了让大数法则能够尽可能地体现，只有这样，赌场才能够形成稳定的盈利。

7.2.2 键盘字母“乱”排列的奥秘

我们都知道，计算机、打印机等各种设备的键盘上面 26 个英文字母的顺序都是一样的，但是它们没有按照从 A～Z 的顺序排列，看起来就是无规则排列的。我们在刚开始用键盘打字的时候，由于对键盘上字母的位置不熟悉，每次打字就不得不花时间找各个字母的位置，这样在寻找字母上面就浪费了不少的时间。尤其是在使用这样的键盘熟练打字以前，我们不得不在记忆键盘字母顺序上面花更多的时间，把更多的精力用于打字上面。因此，很多人可能会纳闷，键盘为什么不按照 26 个字母的字典顺序来呢，按顺序来不就可以很快找到字母位置了吗?

这就不得不从键盘的历史说起，原来，最开始的键盘是按照从 A ~ Z 的字母顺序来排列的。但是，当时的机械工艺远不如现在发达，使得字键在击打之后的弹回速度较慢，一旦打字员击键速度太快，就容易发生两个字键绞在一起的现象，必须很小心地把它们分开，从而严重影响了打字速度。后来，越来越多的客户都在投诉键盘的这一缺点。

厂家明白，之所以出现这种问题，一方面是因为字键的弹回速度慢，另一方面也是打字员速度太快。迫于工艺的限制，厂家目前还不能提高字键的弹回速度，因而只能够想想该怎样来降低打字员的打字速度。因此，厂家就决定将键盘上面的 26 个字母的排列顺序打乱，把使用频率较高的字母放在键盘的边缘位置，因为这些地方敲打起来比较笨拙，比如，字母“O”“S”“A”使用频率很高，一般用无名指或小指来击打。相反，而那些使用频率较低的“V”“J”“U”等字母，使用食指能够敏捷地完成。综合起来，这样就大大降低了打字员的打字速度，确保了键盘的使用寿命。

因此，这种看起来很奇葩的“QWERTY”式组合的键盘就被生产商大量应用，逐渐成为主流。这个“坏习惯”就一直延续到了今天，即使今天的工艺已经完全能够承受打字的击键速度。

对于上面这个例子可以看出，当时使用这种“QWERTY”模式时，设计人员的做法也是根据频率来得到概率。首先，通过统计得到 26 个字母的使用频率，根据大数定律，由于打字时敲键的总次数很大，也就可以认为打字时敲打高频字母的概率更大、次数更多。因此，根据字母的使用频率来进行安排位置，这样就能够保证打字的速度下降，键盘在打字的时候得到更多的保护。

7.2.3 保险中的大数法则

前面我们已经知道了，赌场最仰仗的就是大数定律。其实，依赖大数定律而生存和发展的行业远不止博彩，还有保险行业，可以说，没有大数定律，就不会有今天的保险行业。那么，大数定律在保险行业中的作用又是怎样体现的呢？

和赌场的运作类似，对于保险公司来说，只有拥有大量的保单，才能够让大数法则起到理想的作用。保险公司接受的保单越多，就意味着实际需要赔付的保单数量会越来越接近于通过计算得到的预期数量。为了简单起见，我们在这里只考虑一种保险的简单情形。例如，如果保险公司通过统计分析得到，车祸发生的概率是1/1000，这就意味着，保险公司接受这样的保单数量越多，实际发生车祸的客户数量就会越来越接近于这个概率。这样，保险公司就会对未来的赔付风险有一个比较准确的判断，从而可以合理地制定保险费率和相关的赔付方案，使得保险公司在保险期限内的期望赔付和收取保险费相平衡。这样，就能够让保险公司有比较稳定的盈利。

总之，根据大数定律，个别情形下的偶然性会在大数中趋于稳定，而保险公司正是利用了这一点。对于保险公司来说，越多人买保险，公司的赔付压力就会越小，就越能够稳定地将保险业务延续下去。这也是保险公司为什么会把主要精力放在销售上的原因。而对于买保险的客户来说，他们也成功地转移了自己的风险，给自己的未来增加了保障。只不过这样的代价就是，在保险期限内，这些客户的期望收益会是负的，而这一部分差额就是保险公司平均在每个客户身上赚的收益。

到了这里，可能你又有点疑惑，保险公司在设计保险机制的时候，往往需要先得到的风险发生的概率，如发生车祸、火灾等的概率，它们又是怎样计算得到的呢？保险公司得到的这些概率是否靠谱呢?

其实，保险公司分析赔付风险发生的概率时，对于类似车祸、火灾等事件，保险公司也难以准确得到它们发生的概率，更无法预测其发生。这里面需要利用的仍然是大数法则，不过，这就非常考验保险公司收集数据的能力了。

我们都知道，对于个别人或者少数人来说，出现类似发生车祸、贵重品被盗、房屋失火等事件都是偶然性的，很难通过公式计算出它们发生的概率。同时，由于这些事件的性质，保险公司也不可能采取重复性试验这样的方法，收集试验结果来分析事件发生的频率，从而得到概率。既然这两种方法都行不通，保险公司只能退而求其次，将一类事物作为统计分析的对象，尽可能地收集较多的数据，再来计算发生的频率，用这个频率来估计事情发生的概率，这样得到的结果更接近真实值。

例如，对于房屋发生火灾的概率，保险公司可以尽可能地收集这一地区过去发生火灾的信息，发生过火灾的房屋数量有多少，然后除以这一地区的房屋总数量，就可以估算出这一地区房屋发生火灾的概率有多大。当然，保险公司估算概率的过程很复杂，这里进行了必要的简化。如果保险公司收集到的数据越多，那么得到的概率相对来说，也就越准确，并且，这个概率结果也会越来越稳定和规范。

现在，假定每一年中，平均一千户家庭当中有二十户家庭会发生车祸，那么，每户家庭发生车祸的概率就是1/50。但事实上，在一千户家庭当中，每一年发生车祸的实际数量是不同的、某年发生车祸的家庭数量为56起，某年又可能为44起，因此，差异可能在50的上下各6起，其不确定性为：3/500（(56-44)÷1000）。当保险公司把统计范围扩大到一万户家庭的时候，这时统计分析得到的概率将会更加接近真实值，并且，每年事实上的不确定性一定会减少许多，这个概率会越来越稳定。这就是大数定律的体现。

然而，有些时候，保险公司虽然在业务上收获颇丰，但是，保险公司承保的数额不一定都是均匀的，并且各保险业务的风险也不相同，仍然会出现不稳定的情况，给保险公司带来亏损。例如，某个保险公司经营人身保险和财产保险两种不同类型的业务，但是，绝大部分都是前者，后者在业务中占的比例较少。这就意味着保险公司对于其财产保险业务无法根据大数法则来进行准确判断，这就给保险公司的业务带来了不稳定因素。

因此，就有必要提到保险公司降低风险的一个方法，那就是再保险。顾名思义，再保险就是保险的保险，即保险公司将自己承担的部分保险业务，再转移给其他的保险公司，从而将赔付风险也转移出去，以降低自己的业务风险。当然，在再保险的过程中，双方责任的分配必须明确。接着上面的例子，保险公司就可以对自己的财产保险业务进行再保险，让其他保险公司来承担这样的风险。正是通过再保险，从而进一步分散风险，保险公司可以让自己的业务经营更加稳定。

7.2.4 车间里的中心极限定理

假如你是某个车间的主任，负责管理车间的日常生产。你的车间一共有 100 台车床，由于车床需要检修、测量、调换刀具等原因，即使在生产期间，各台车床还是经常需要停工。经过调查，你发现平均每台车床只有 60%的时间在开动。如果每台车床开动时需要耗电 1 千瓦，那么，应该供给这个车间多少电力才能保证此车间正常生产？

对于上面的车间生产问题，我们的第一个想法也许是，如果供给这个车间 100 千瓦的电力，就可以确保每一台车床都能够正常开动，这样一定能够让整个车间正常生产。然而，我们不能忽视的一个事实是，在生产期间，平均每台车床只有 60%的时间在开动。这也就意味着，在任意时间点，平均有 40 台车床是闲着的。因此，如果供给 100 千瓦电力的话，将会造成 40%的电力浪费，这样做很不划算。

由于每台车床的开工率只有 60%，平均这个车间中同时工作的车床只有 60 台。那么，我们如果刚好供给 60 千瓦的电力，这样是不是刚好合适呢？其实，这样做的话，虽然节省了电力，但是会导致某些时间电力又不够用，降低车间的生产效率。因为 60%的开工率是一个平均数，这就意味着有些时间，同时工作的车床数会超过 60 台，这时需要的电力要大于 60 千瓦。

那么，到底要供给多少电能，才能在保证生产正常的同时又节约电力呢？

其实，需要供给这个车间的电能一定要大于 60 千瓦，最好是在 70 千瓦左右。可能你又会问，我们供给车间 70 千瓦时，有时候在车间内同时工作的车床数量也会超过 70 台，这样也会造成部分车床无法运转，不还是让生产效率降低了吗？但是，根据前面学习过的中心极限定理，由于平均起来车间在同一时间工作的车床只有 60 台，因此，在某一时间车间里有超过 70 台车床在工作，这样的概率非常小，甚至小于千分之一，也就是说在 8 小时的工作中只有 30 秒钟会碰到这种情况。显然，我们的担心完全是多余的，而且，这样做还能够节省 30 千瓦的电能。

因此，要想在保证车间生产正常的同时又节约电力，作为车间主任的你可以试着供给车间 70 千瓦的电力。至于为什么这个数字是 70，这是因为，在 70 千瓦时出现电能供应不上的概率就已经很小了，我们不能否认，供给车间 80 千瓦的电力时，出现电力供应不足的概率更小，但是，这样做要多出 10 千瓦。所以，平衡起见，我们选择了 70 千瓦。

第8章

冰淇淋和犯罪率——相关性分析

在统计数据之后，很多时候，并不只是对单独的某个指标进行分析，例如，计算某个指标的平均值、中位数等。我们需要从数据中来找出不同变量之间的关系，例如离高压电线的距离和儿童的健康状况，用数据来说话，看看这两个变量之间有什么联系，或者看看一个变量发生变化，另一个变量会如何变化。这个时候就需要用到相关性分析了。

8.1 认识相关性分析

相关性分析，可以说是统计学里的一个重要的知识领域，它的应用非常广泛。对于统计学里的相关性分析，我们首先需要明白的是什么是相关、相关性分析中的统计指标，怎样来挖掘统计数据中不同变量之间的关系。

8.1.1 什么是相关性

研究不同变量之间的关系，就是相关性分析，它的作用大着呢！不知道大家有没有感触，随着社会和科技的发展，世界上各个事物之间的联系越来越密切了，各方面的数据整合越来越多。如果能够从数据中发现不同事物之间的关联，是不是一件让人心动的事呢？

例如，我们打开某款音乐 APP 就会发现，原来它每天给你推荐的歌曲都是你爱听的，就好像你肚子里的蛔虫一样。它之所以能够这么精准地进行推荐，这是因为其背后有一套比较合理的推荐系统。那么，这个推荐系统又是从哪里来的呢？

这背后正是大数据下的相关性分析起了作用。例如，通过海量的用户数据，借助统计学里的相关性分析，就可以得到哪些歌曲是同一类用户都喜欢听的、哪些歌曲可以判定为相似。有了这些统计结论，就可以根据用户常听的歌曲进行推荐。值得一提的是，如果这个推荐系统是在足够多的统计数据上面形成的，那么它的准确性也就越高，用户就越会觉得这款音乐 APP 懂他。

类似的相关性分析随处可见，几乎所有的 APP 都会有意地收集用户的数据进行统计分析，这里面必定少不了相关性分析。然后，根据统计分析得到的结论，再来进行产品的改进迭代，从而让用户的使用体验越来越好。这一方面是因为互联网时代收集到的用户数据越来越多，给统计分析提供了数据基础；另一方面，用户对于各种服务的质量需求也越来越高，也就是用户需要更好的体验。当然，统计学的发展，相关性分析的发展越来越成熟，这也让那些默默付出的数据收集者更有动力，让数据越来越有价值，通过分析得到的结论也越来越准确。

上面用一个例子告诉了我们研究相关性的好处，它能够应用在哪些地方。那么，到底什么是相关性呢？我们该怎么理解相关性？其实，相关性并不是什么很高深的专业词汇，它的含义并不复杂。通俗地说，相关性指的就是事物之间的关联性，也就是不同事物之间的关联程度。当然，放到统计学里，我们研究数据之间的关联程度，就是研究不同变量之间的相关性，而这个过程就是统计学里的相关性分析了。那么，到底怎样才能够说明变量之间存在相关性呢？

其实，只要一个变量发生了变化，另外一个变量也跟着发生了变化，不管具体的变化过程，只要是线性的，就可以说这两个变量之间存在相关性了。是不是听着有点迷糊了，不妨看看这个例子。我们都知道，一辆行驶在公路上的汽车，它的行驶时间越长，那么它的行驶里程也就越长；同样的，如果汽车的行驶里程越长，就说明它的行驶时间越长。显然，在这个例子里面，汽车的行驶时间和行驶里程就可以看作是两个不同的变量，无论是其中哪一个变量的值发生了变化，另外一个变量的值也会发生变化。因此，我们就可以说汽车的行驶里程和行驶时间之间是相关的。

总之，现实生活里相关的例子比比皆是。例如，通常情况下，学生在学习上花的时间和考试成绩是相关的，如果一个学生在学习上面花的时间越长，那么他的考试成绩也就越好，总体情况下那些考试成绩较差的学生在学习上花的时间要少些；人的锻炼情况和身体的健康水平也是相关的，通常情况下，那些不常锻炼的人，他们身体的免疫力更低，因而也更容易生病，并且恢复时间更长。

看了上面的例子，细心的人一定发现了，我们所说的相关性都是在一个前提下才能成立的，也就是通常情况。这正是因为，现实世界的复杂程度远远超过我们的想象。我们不可能把所有因素都考虑进去。例如，有些学生在学习上花的时间更多，但是考试成绩却没有提高，或者是因为考试的时候存在一定的偶然因素等；有的人平时对身体的锻炼一点也没有比其他人少，可是仍然爱生病，这就有可能是个人的体质差别造成的了。

因此，在讨论相关性的时候，不要过分地钻牛角尖，那样只会让事物之间的关系变得一团糟，只要根据通常情况来进行判断即可。尤其是在统计数据里，由于统计数据的误差或者其他各方面的原因，我们也很难找到那种完美的相关性，所以，研究相关性的时候，都是根据大多数来进行判断的，也就是通常的情况。

对于相关性，可能一些读者已经发现了相关也是有区别的。例如，对于一辆朝着目的地匀速行驶的汽车，它在行驶过程中可以找出几对具有相关性的变量：这辆汽车的行驶路程和行驶时间当然是相关的，行驶时间越长，行驶路程也就越长；这辆汽车离目的地的距离和它的行驶时间也是相关的，因为行驶时间越长，汽车离目的地的距离也就越短。但是，我们可以发现，对于汽车的行驶时间和行驶路程这一对变量来说，前者的值越大，后者的值也就跟着变大；而对于汽车的行驶时间和离目的地的距离这一对变量来说，前者的值越大，后者的值反而越小。

从上面的例子就可以看出，虽然两个变量之间是相关的，但是，它们具体的相关关系却是各不相同的。在统计学中，对于汽车的行驶时间和行驶路程这一类相关关系，就叫做正相关，意味着一个变量的值增加（减少）了，另一个变量的值也跟着增加（减少），即变化的方向相同；相反的，对于汽车的行驶时间和离目的地的距离这一类相关关系，我们就叫做负相关，意味着一个变量的值增加（减少）了，另一个变量的值却往反方向变化，也就是减少（增加）。在生活中，像身高和体重、学习时间和学习成绩等都是正相关，像海拔和温度、锻炼时间和体重等都是负相关。负相关只是表明变量之间的一种相关关系，并非正相关就比负相关好，反过来也是如此。

值得注意的是，不同的相关关系，可能它们的关联程度也是不同的。有的关联密切，甚至可以说是因果关系，例如，汽车的行驶时间和行驶里程；有的关联就没那么密切了，仅仅只是相关，例如，学生报辅导班花的钱和学习成绩，它们之间的关联并不紧密。另外，我们也需要明白，什么才能叫做不相关呢？对于不相关，如果一个变量始终没有变化，而另一个变量却在变化，或者发生的变化不是线性的，那么，就说明它们之间是不相关的。这一点在 8.1.4 节中有进一步的说明，这里就不再赘述了。

8.1.2 相关性分析的主角——相关系数

统计学的一大特点就是一切以数据为基础，一切用数据来衡量，那么，到底怎么衡量几个指标之间有没有联系呢？又怎么来区分它们之间的联系是否紧密呢？这个时候，我们自然不能够用模棱两可的文字来描述这种关系，更不可能只用“有”和“无”这样的二元判断。智慧的统计学家发明了一个专门的概念——相关系数，用它来衡量两个变量之间的关联程度。我们在得到一大堆数据之后，只要按照一定的方法计算出相关系数的值，就能够发现隐藏在数据背后的紧密联系了。

有了相关系数，无论是怎样的数据，我们不需要纠结于怎样用文字来描述里面隐藏的种种关系，只要计算出两个不同变量之间的相关系数，就能够准确地衡量它们之间的关联程度。因为相关系数就是用以反映变量之间相关关系密切程度的统计指标。就和前面学过的平均数、中位数等一样，相关系数也是我们在进行统计分析时的重要指标，尤其是考察不同变量之间的关系时。

当然，我们现在只讨论两个不同变量之间的相关系数，这也是相关系数里最容易理解、最方便计算的。这种相关系数是著名的统计学家皮尔逊提出的，为了纪念这位伟大的统计学家，这种相关系数又叫做皮尔逊相关系数，它考察的是两个变量之间的关系。当两个变量相关时，我们也称之为二元相关。

关于这种相关系数，常常用 r 来表示，它的取值范围为-1～1，包括-1 和 1。对于描述两个变量之间关联程度的皮尔逊相关系数 r，它的符号和取值的大小都有相应的含义。在皮尔逊相关系数 r 中，其取值的大小就表明了这两个变量之间的相关程度。如果相关系数 r 的值是一个负数，那就说明这两个变量之间的相关关系是负相关；相反的，如果相关系数 r 的值是一个正数，那就说明这两个变量之间的相关关系是正相关。

另外，对于相关系数 r 的绝对值，如果两个变量的相关系数 r 的绝对值越大，就说明它们之间越相关；反之，如果相关系数 r 的值越小，就说明这两个变量之间越不相关。如果相关系数是 0，那么，它们之间就是完全不相关的。

总结起来，不妨用 X 和 Y 来表示统计数据中两个不同的变量，用 r 表示它们之间的皮尔逊相关系数，那么，我们就可以将各种相关关系用表 8-1 表示出来。

表 8-1　相关关系表

变量 X	变量 Y	相　关　性	相关系数 r	例　　子
增加	增加	正相关	正数	通常情况下，复习时间和考试成绩
减少	减少			
增加	减少	负相关	负数	通常情况下，海拔高度和温度
减少	增加			

好了，通过表 8-1 已经全面了解不同的相关系数 r 可能代表两种完全不同的相关关系。但是，相关系数 r 绝对值的大小怎样来体现两个变量之间相关性的强弱呢？我们看到两个变量之间的相关系数之后，又该如何理解它们之间的相关关系呢？

在统计学里面，对于两个变量之间相关系数 r 的绝对值进行了五级划分，不同的大小级别代表着相关性的不同强度。

（1）如果 $0<|r|<0.2$，即相关系数 r 的绝对值小于 0.2 并且大于 0，那么，就说这两个变量之间是极弱相关。

（2）如果 $0.2\leqslant|r|<0.4$，即相关系数 r 的绝对值大于或等于 0.2 且小于 0.4，我们就说这两个变量之间是弱相关。

（3）如果 $0.4\leqslant|r|<0.6$，即相关系数 r 的绝对值大于或等于 0.4 且小于 0.6，我们就说这两个变量之间是中等程度相关。

（4）如果 $0.6\leqslant|r|<0.8$，即相关系数 r 的绝对值大于或等于 0.6 且小于 0.8，我们就说这两个变量之间是强相关。

（5）如果 $0.8\leqslant|r|<1$，即相关系数 r 的绝对值大于或等于 0.8 且小于 1，我们就说这两个变量之间是极强相关。

（6）特别的，如果 $|r|=1$，即相关系数 r 的绝对值等于 1，此时 r 的绝对值达到了最大，我们就说这两个变量之间是完全相关的，这时的

线性相关程度是最强的。

那么，应该怎么计算才能够得到两个变量之间的相关系数 r 呢？皮尔逊相关系数 r 表示的是一种线性相关性，假设两个变量的值用 X 和 Y 表示，那么，它们之间的皮尔逊相关系数 r 的计算公式如下：

$$r=\frac{n\sum XY-\sum X\sum Y}{\sqrt{\left[n\sum X^2-(\sum X)^2\right]\left[n\sum Y^2-(\sum Y)^2\right]}}$$

其中，X 和 Y 分别表示两个变量的取值，$\sum X$ 表示对 X 的所有取值进行求和，$\sum X^2$ 就表示对 X^2 的所有取值进行求和，$\sum XY$ 表示的是对 X 和 Y 的乘积进行求和，n 表示的是样本的容量。

上面相关系数 r 的计算公式看起来很庞大，里面牵扯到了求和、根号、平方这些比较复杂的计算，但是它其实是比较简单的，里面包含了许多重复的地方。例如，分子中需要对变量 X 的值进行求和，这在分母中同样用到了，对于变量 Y 来说也同样如此。因此，我们在计算相关系数的时候，最关键的地方就是计算出 $\sum X$、$\sum Y$、$\sum X^2$、$\sum Y^2$ 和 $\sum XY$ 的值，得到这些值之后，计算相关系数 r 的值就十分简单了。

我们不妨进行从一个例子中来计算两个变量之间的相关系数 r。例如，表 8-2 就是统计得到的三家公司的年广告支出和月平均销售额的相关数据，根据表 8-2，我们就可以计算出公司年广告支出和月平均销售额之间的相关系数了。

表 8-2　公司年广告支出和月平均销售额的记录表

（单位：百万元）

公　司	年广告支出	月平均销售额
公司 1	1	2
公司 2	2	5
公司 3	3	6

假设，公司的月平均销售额用 X 表示，公司的年广告支出用 Y 表示，根据皮尔逊相关系数的计算公式，就可以计算出变量 X 和变量 Y 之间的相关系数 r，其中 $n=3$。

首先，可以先计算得到：

$$\sum X=6\,,\ \sum Y=13\,,\ \sum X^2=14\,,\ \sum Y^2=65\,,\ \sum XY=30$$

接着，把上面的结果和 n=3 代入相关系数的计算公式，就可以得到：

$$r=\frac{3\times30-6\times13}{\sqrt{\left[3\times14-(6)^2\right]\left[3\times65-(13)^2\right]}}=0.9608$$

也就是说，公司年广告支出和月平均销售额之间的相关系数是 0.9608，从这个结果也可以看出，它们之间的线性相关程度是极强的。由于这两个变量之间的相关系数几乎接近于 1，如果考虑到统计误差等其他偶然因素的影响，我们可以认为公司年广告支出和月平均销售额之间是完全相关的。

好了，我们已经知道如何计算两个变量之间的相关系数 r，并且也知道如何理解它了。然而，在实际的应用中，如金融分析、调研勘察等方面，总是要统计到多个变量的数据，并且，需要研究的是多个变量之间的两两关系。那么，对于多个变量，我们怎么研究它们之间的相关系数，也就是关联程度呢？不用着急，统计学家早就为你想好了。遇到这种情况时，可以用一个表格来轻松解决。我们在行和列中都放入这一组变量，那么，如果你对其中某两个变量之间的相关关系感兴趣，只需要查找这个表格即可。

例如，在研究某地的投资环境时，统计数据收集了当地的就业人员平均劳动报酬、金融机构贷款余额、建设用地面积和外商直接投资额等数据，这个时候需要研究它们两两之间的相关系数，具体如表 8-3 所示。需要注意的是，对于同一个变量而言，相关系数就是 1；对于其他空格，根据收集到的各方面数据，分别计算两两之间的相关系数即可。另外，在统计学中，我们有更加专业的术语来描述这种表格，将它称之为相关矩阵，这里就不再做深入探讨了。

表 8-3　某地投资环境各方面的相关系数表

	就业人员平均劳动报酬	金融机构贷款余额	建设用地面积	外商直接投资额
就业人员平均劳动报酬	1.00			
金融机构贷款余额		1.00		
建设用地面积			1.00	
外商直接投资额				1.00

8.1.3　体现相关性的图像——散点图

在前面的小节里，我们对两个不同变量之间的相关性进行了定性和定量的描述，但是，那一大堆的文字和一个看起来比较庞大的皮尔逊相关系数计算公式，是不是让你觉得有点枯燥呢？不急，本节就让你亲眼看到相关性，不是文字，不是公式，而是有趣的图像。对于这种描述两个变量之间相关性的图像，我们取了一个有趣的名字——散点图，或者叫散布图。

通过散点图，可以直观地看出图中两个变量之间的相关性程度如何，如果不求精确度的话，甚至都不用去计算它们之间的相关系数。散点图，就是这样的直观形象，并且简单。那么，到底什么是散点图？根据统计到的数据，怎么画出两个不同变量之间的散点图呢？

在收集数据之后，制作两个变量的散点图其实非常简单。假如要制作变量 X 和变量 Y 的散点图，那么，只需要进行下面这两个步骤即可。

第一步：建坐标系。完整的描述应该是，以变量 X 和 Y 为坐标轴，根据数据的范围建立合适的直角坐标系。值得注意的是，以哪个变量为横坐标或纵坐标都是随意的，并不影响散点图的表达效果。

另外，要注意的是根据变量的取值范围，为坐标系的横轴和纵轴都选择合理的刻度间距。最好不要让散点图上点与点之间显得过于局促，而在四周留下一大片空白。

第二步：描点。在已经建好的坐标系中，根据变量 X 的值和对应的变量 Y 的值进行描点，一个点就代表一组数据。需要注意的是，X 的数据和 Y 的数据总是一一对应的，如果只有单方面的数据，我们必然无法进行描点。

总之，画出给定数据的散点图，并不是一件难事，在这里就不再多说了。对于我们，最重要的是，能够从散点图中发现两个变量之间的关系，并且能够比较不同的散点图。例如，我们对人群进行了随机抽样，统计了样本的身高和体重信息，得到样本身高和体重的散点图如图 8-1 所示。图中的 A 点，表示样本中某个人的身高和体重信息，其中 A 的横坐标就表示他的身高、纵坐标就表示他的体重。

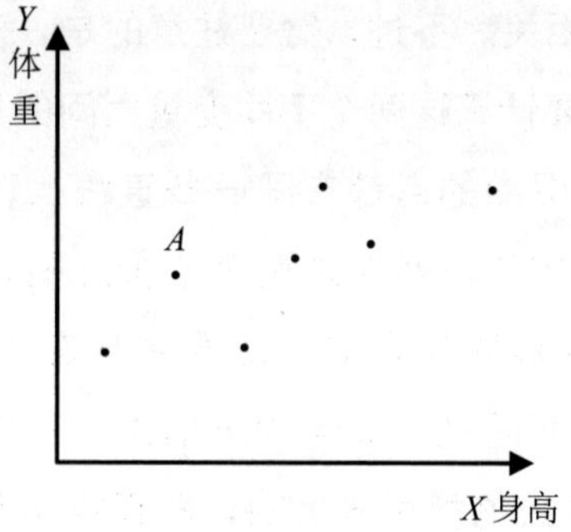

图 8-1　关于身高和体重的散点图

那么，从散点图中可以得到哪些信息呢？该怎样观察散点图呢？

首先，在观察散点图的时候，一定要从各点的分布趋势出发，这个趋势指的是图中散点沿横坐标从左至右的变化情况，不用过分纠结于某一点或者某几点的数据。严格地说，这个变化趋势又可以称之为斜率，如果散点图中各点的趋势是从坐标图中的左下角到右上角，那么，我们就说这些散点的斜率是正的；相反，如果散点图中各点的趋势是从坐标图中的左上角到右下角，那么，我们就说这些散点的斜率是负的。

不妨假设散点图的横坐标是 X，纵坐标是 Y。显然，如果散点图中体现的斜率是正的，也就是图中的散点大体是从左下角到右上角，这也就意味着基本上 Y 会随着 X 的增加而增加，随着 X 的减少而减少。因此，X 和 Y 之间是正相关。例如，图 8-1 中，我们可以看出，图中散点大体是从左下角到右上角，斜率是正的，基本上 Y（体重）会随着 X（身高）的增加而增加，因此，Y（体重）和 X（身高）之间是正相关。

反过来，如果散点图体现的斜率是负的，也就是图中的散点大体是从左上角到右下角，这也就意味着基本上 Y 会随着 X 的增加而减少，随着 X 的减少而增加。因此，X 和 Y 之间是负相关。如图 8-2 所示，X 和 Y 之间的关系就是负相关。不过，需要注意的是，对于 X 和 Y 之间具体的相关程度，仍然需要计算这两个不同变量之间的相关系数 r。

特别地，如果散点图中的点都在同一条直线上，并且这一条直线是倾斜的，那么，我们就可以断定这两个变量之间是完全相关的。进一步，如果这条直线的斜率是正的，即直线从左下角到右上角，那么，散点图中两个变量之间就是完全的正相关，它们之间的相关系数 $r=1$；反之，如果这条直线的斜率是负的，即直线从左上角到右下角，那么，散点图中两个变量之间就是完全的负相关，它们之间的相关系

数 r=−1。

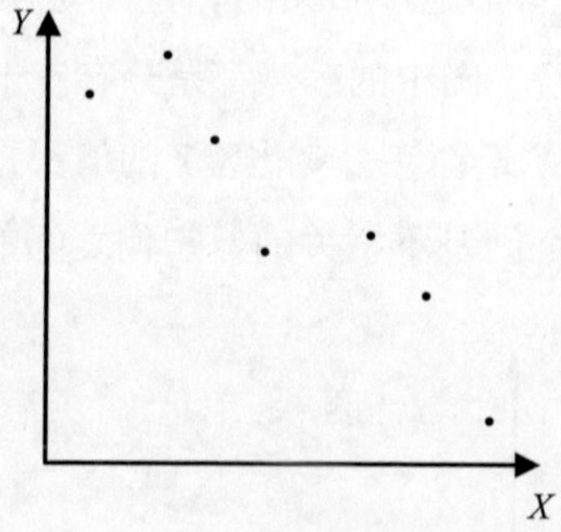

图 8-2 X和Y负相关的散点图

如图 8-3 所示，我们从散点图中可以发现，图中所有点都是分布在同一条直线上，并且这条直线是倾斜的，斜率为负。因此，我们可以判断，对于图中的变量 X 和 Y，它们之间是完全的负相关，相关系数 r=−1。

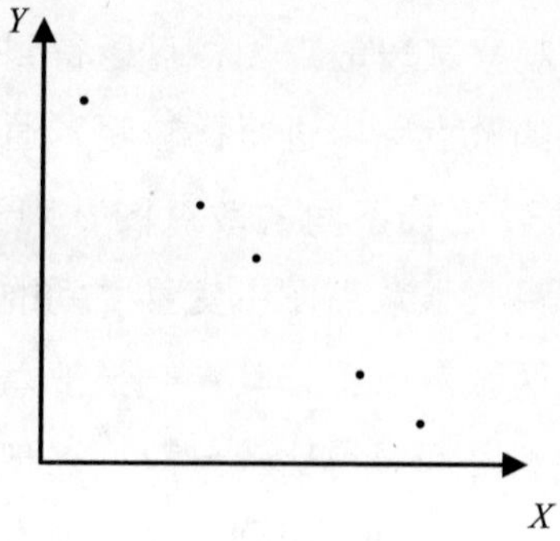

图 8-3 X和Y完全相关（r=−1）

还要注意，如果散点图中的点是在同一条直线上，但是这条直线要么是水平的，要么就是垂直的。如果直线水平的话，就意味着X的值是始终不变的，不会随着 Y 的变化而变化；如果直线垂直的话，就意

味着 Y 的值是始终不变的，不会随着 X 的变化而变化。因此，这些散点图中的两个变量之间都是不相关的，也就是说，它们之间的相关系数 r=0。如图 8-4 所示，图中的散点都是分布在一条水平的直线上。从这也可以看出，图中 X 无论怎么变化，Y 的值都是固定不变的，因此，图 8-4 中变量 X 和 Y 之间是不相关的，它们之间的相关系数 r=0。

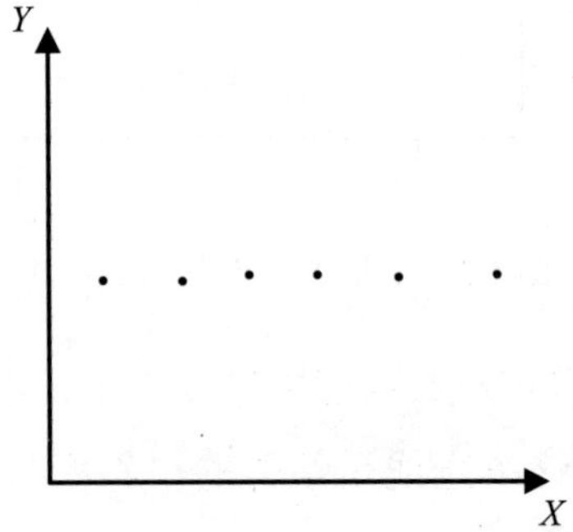

图 8-4　X 和 Y 不相关（r=0）

上面都只是单独观察某一散点图，可以得到的一些结论。那么，我们应该怎样在不同的散点图中进行比较呢？通过比较又能够得到哪些结论呢？其实，通过比较不同的散点图，观察图中各点的分散程度，我们可以知道，哪一张散点图中变量之间的相关程度更强。如果有坐标系基本相同的两张散点图，其中一张散点图中各点虽然有一定的倾斜趋势，但是各点之间显得比较分散，这种倾斜的趋势不如另一张散点图那么明朗，这时就可以得到，这张散点图中两个变量之间的相关程度更弱。

如图 8-5 和图 8-6 所示，不难看出，两张散点图中各点之间都有一个从左下角到右上角的趋势，但是，我们也能够用肉眼观察得到，图 8-5 中各点之间的倾斜趋势更加明显，图 8-6 中各点之间显得更加分散。如果两张散点图的坐标系基本相同的话，显然图 8-5 中变量 X 和 Y 之间的相关程度更强。

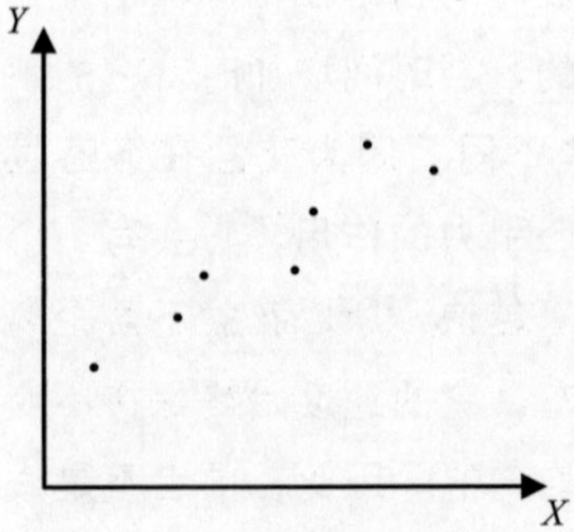

图 8-5　较强的相关程度

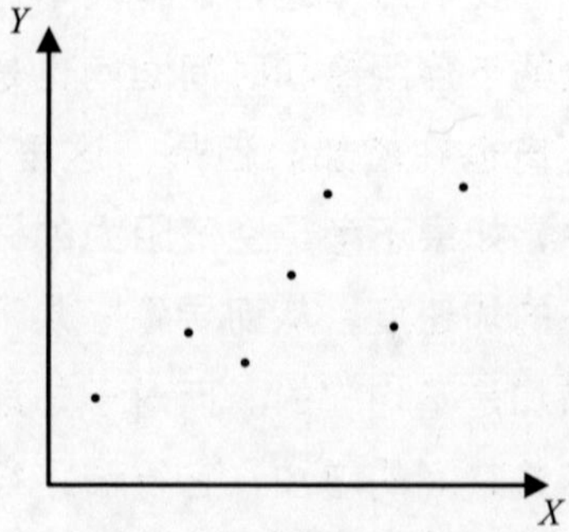

图 8-6　较弱的相关程度

8.1.4　相关系数不是万能的

现在是不是觉得，对于任何统计数据，如果对其中的两个变量感兴趣，那么，只要计算它们之间的相关系数，就可以判定它们之间的相关程度了。如果你有这种想法的话，那就需要注意了，这也说明本节是非常有必要的。

在前面有提到过，相关系数探讨的只是变量之间的线性相关关系，并且，前面我们所提到的那些相关关系也都是线性相关。只是为了更加流畅地讲述相关性，并未对线性进行深入探讨。其实，关于统计中的相关性分析，线性相关性仅仅是很基础的一部分。

这时，你一定又会犯糊涂了，相关关系竟然这么讲究，还分线性和非线性。确实如此，即使两个变量之间是相关的，它们也有可能不是线性相关。例如，对于公路上匀速行驶的汽车，我们已经知道行驶时间和行驶路程之间是相关的，并且这种相关关系也是线性相关。那么，如果不考虑空气阻力的情况下，从四楼的阳台不小心掉下来的花盆，它的下降距离和时间之间又是怎样的关系呢？

我们都知道，这和汽车行驶时的行驶时间和路程一样，下坠中花盆的下落距离和时间之间也是相互变化的，当时间增加时，它的下落距离也在增加。但是，这里面又有一些不同。因为花盆在下落过程中，如果不考虑空气阻力的话，由于地心引力的作用，它会有一个向下的加速度，从而导致它向下的速度越来越快，所以花盆下落距离的增加是不均匀的。而对于匀速行驶的汽车，它的速度始终保持不变，随着时间的增加，它行驶路程的增加是均匀的。因此，前者不是线性相关，而后者则是完全的线性相关关系。

还需要指出的是，相关系数有一个明显的缺点，即它接近于 1 的程度与数据的组数 n 有很大关系。通常情况下，对于同样的两个变量，如果收集到的数据组数 n 不同，那么，计算得到的相关系数也就会有一定的差异，甚至会出现比较大的波动现象。当 n 较小时，得到的相关系数波动较大，相关系数的绝对值易接近于 1；当 n 较大时，相关系数的绝对值容易偏小，相关系数的准确性也就越高。特别的，当收集的数据只有两组，也就是 $n=2$ 时，相关系数的绝对值总为 1。这是因为，当 $n=2$ 时，就好比散点图上面只有两个点，这就必然是一种完全的线性关系了。因此，我们在收集数据时，在样本容量 n 较小时，仅凭相关系数较大就判定变量 X 与 Y 之间有密切的线性关系是不妥当的。

尤其需要注意的是，相关关系和因果关系千万别搞混淆了。误把某些相关关系当作因果关系，这是很多人在进行相关性分析时很容易出现的错误。在很多时候，这种错误的认识还会导致得到一些荒谬的结论，例如，冰淇淋卖得多竟然导致犯罪率上升等。那么，对于因果关系和相关关系，它们之间的具体差别到底如何呢？

通常来说，因果关系成立的两件事，它们之间一定是相关的，但是反过来却未必如此。所以说，在统计分析的过程中，我们千辛万苦计算出来了相关系数，并且发现相关性很强，非常接近于 1，那么，这个时候就要注意，不要认为这两个变量之间存在因果关系。如果有必要的话，就还需要进一步分析才能够做出准确的判断。

此外，如果对于非线性或者有两个及两个以上变量的相关关系时，当然不能用一个相关系数来进行说明，但是，可以用决定系数来进行描述。在统计学中，还有一个应用非常广泛的概念，叫做决定系数。其实，决定系数的实质非常简单，它就是相关系数 r 的平方，因此，它的取值范围就是 0～1。对于变量之间的决定系数，如果决定系数越大，就说明它们之间的相关程度越强；反过来，如果决定系数越小，就说明它们之间的相关程度越弱。决定系数的出现可以防止对相关系数所表示的相关做夸张的解释。对于决定系数，还有更加广泛的应用，我们会在后面的回归分析章节中接触到。

8.2 相关性分析的陷阱

8.2.1 冰淇淋和犯罪之间有关系吗

冰淇淋怎么和犯罪扯上关系了呢？这种看起来很荒唐的事，还真就发生过。当时在美国中西部的一个小镇上，当地的一位警察局长有着多年的治安管理经验。他发现了一个非常有意思的现象，那就是冰淇淋的消费量越高，犯罪率越高。为此，他还做出了专门的图表，向大家进行说明，如图 8-7 所示。总之，这位警察局长就是想借此来炫耀自己经验丰富，眼光敏锐。从图 8-7 中也可以看出，小镇上犯罪率的高低和冰淇淋的消费量存在强的正相关，即冰淇淋销量变高时小镇的犯罪率也会升高，冰淇淋销量变低时小镇的犯罪率也会降低。

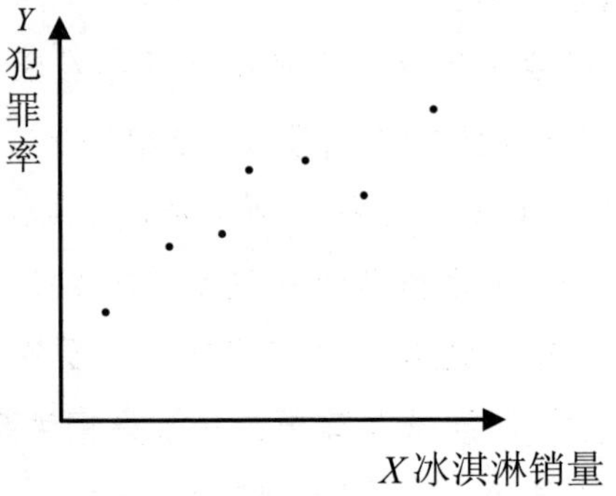

图 8-7　冰淇淋销量和犯罪率的散点图

这位局长觉得，如果冰淇淋的销量降低了，那么小镇的犯罪率不也就跟着降低了吗。为了让小镇人民的生活更加和谐，他有了一个比较大胆的想法，决定通过警方来调控小镇的冰淇淋销售情况，从而在一定程度上减少小镇的冰淇淋销量，以达到降低犯罪率的目的。

好了，看了上面的例子，这位局长的做法有道理吗?

毫无疑问，稍微有点生活常识的人都知道，这位局长是异想天开。卖冰淇淋和犯罪，本来就是风马牛不相及的两件事，怎么可能通过减少冰淇淋的销量来减少小镇上的犯罪现象呢？那么，这位局长又是从哪里来的自信，做出这样荒谬的判断呢?

归根结底，这正是因为局长误认为统计数据中的相关就是因果关系了。从图 8-7 中可以看出，从各点的分布趋势来看，小镇的犯罪率确实是随着冰淇淋销量的增加而上升，它们之间的斜率是正的。这也就说明了这个小镇上的犯罪率和冰淇淋销量，两者之间确实存在比较强的相关关系，并且还是正相关。但是，统计里的相关关系并不意味着两者就是因果关系，而仅仅只是表明一种线性相关程度。冰淇淋销量与犯罪率确实相关，但是，不代表是冰淇淋销量的增加导致了犯罪率的上升，局长犯了把相关当因果的错误。

那么，又是什么导致了冰淇淋销量会和犯罪率相关，让这位局长都被迷惑了呢？

原来，这都是天气原因在作祟。我们都知道，天气越热，冰淇淋的需求量就会越大，销量自然就会上升。但是，我们也需要明白：天气越热，人们越容易到室外去活动，这样就增加了抢劫的概率；同时，室内的人更倾向于打开门窗，从而增加了偷盗的概率。另外，女性在天气热的时候，越容易穿着暴露，从而导致各种性犯罪的行为增加。加上天气热的时候，人们的心情也越烦躁，这样也容易导致冲动型犯罪增加。总之，天气热的时候，小镇的犯罪现象就会增加。而在这时，冰淇淋的销量也在增加，所以，从统计的数据来看，小镇的犯罪率和冰淇淋销量就是典型的正相关了。

不过，虽然这位局长的大胆建议不能够直接用来减少小镇的犯罪率，但是，局长的发现却能够用来预测小镇上的犯罪率。我们已经知道，小镇的犯罪率和冰淇淋销量之间具有较强的正相关关系，因此，如果我们能够对冰淇淋销量进行预判，就能够以此来对小镇的犯罪率进行预测。至于如何预测，这就涉及到了统计学里的回归分析，我们将在后面的章节中学到。

8.2.2 高压电真的会让儿童得白血病吗

高压电，在人们心中一直都是一个比较恐怖的存在，许多人都认为它会产生辐射，对人的健康产生不好的影响，尤其是对儿童有很坏的影响。正因为如此，最近这些年抵制供电公司修建高压线和变电站的抗议冲突事件屡见不鲜，由于人们都非常关心这类事件，这也成为各大媒体争相报道的焦点。例如，2016 年，广州变电站建设就曾因是否有辐射的争论而受到阻碍；2007 年，北京昌平数十业主抗议高压线施工；2012 年，青岛万科楼盘的业主因为担心电磁辐射影响，抗议楼盘旁建变电站……

其实，人们之所以担心的是高压电产生的电磁辐射，追根溯源，还是因为早前有过不少的“研究报道”说高压电会让儿童得白血病、离高压电线较近的家庭的儿童患白血病的概率更高。那么，我们只要研究高压电产生的电磁辐射和人们的身体健康水平之间的相关性，不就可以解决大家的困惑了吗？很显然，如果没有相关性，就能够说明高压电对于儿童的身体健康成长没有什么影响。但是，如果有相关性呢？我们就能够说高压电线是影响人们身体健康的罪魁祸首吗？

我们可以先看看早期的相关报道，其中几篇报道是研究高压电与儿童患白血病之间的关系。当时，英国某位研究人员曾发表论文认为高压电线附近居住的儿童患白血病的可能性会明显增加，统计结果发现，居住在有高压电线的电磁辐射下的儿童其白血病发病率，比居住在无电磁辐射的儿童发病率高出一倍。在离高压线几十米的磁场强度过高，从而导致儿童面临更高的患白血病的风险。在这之后，又有德国科学家们进行了相关调查，对比了患白血病的儿童和健康的儿童，测量了这些儿童卧室内的电磁场强度，发现电磁场的强度与白血病的发病之间有一定联系。

然而，在上面这两篇报道的前后，还有更多显示出高压电线与儿童患白血病没有关系的研究，他们认为于高压线附近居住的儿童患白血病的风险会不会增加，其中更有一些研究还得出了相反的结果。例如，一项对于全英国 4000 名儿童癌症患者的大规模调查，就发现暴露在高压线这类磁场之下，包括白血病在内的各种癌症的患病风险都没有增加。还有，美国的研究人员对美国的儿童进行研究，他们发现即使家中测到的磁场强度大，儿童患白血病风险也没有增加。

总之，对于高压电线和附近儿童患白血病的风险，这两者之间到底有没有相关性？在过去的几十年中，这一类的研究在世界各地进行过很多，结果都不尽相同。有的研究认为高压线附近居住的儿童患白血病的风险与普通儿童没有什么区别，有的研究认为这一风险会稍微增大。至于在认为有稍微风险的结果之中，微小的风险具体有多大，数字上也各不相同。

这里面就涉及到了相关性分析中的一个尴尬情形，我们在统计分析的时候，往往很难判定两个变量之间的相关性是有一点点相关还是完全没有相关关系。这也就造成了在研究高压电线和居住在附近的儿童的患白血病风险之间的相关性时，研究人员很难判定高压电对于儿童来说是稍微有一点点风险，还是完全没有风险。再加上由于数据统计时无法避免的误差和其他各种偶然因素，所以研究人员在判定结论时也就形成了不同的看法。毕竟，在某些模糊的节点上，处理起来真的会得到看起来完全相反的结论。

但是，对于大众来说，大多数都是坚持着二元判断，人们不会去深究这里面的各种不可忽视的细节。例如，高压电和人的身体健康这两者之间的相关性程度具体如何？如果有相关性，是否这种相关性是一种因果关系？是不是像之前的冰淇淋和犯罪率一样，只是一种没有因果的巧合？

不过，总的来说，这些支持高压线可能增加儿童白血病患病风险的研究结果，目前并没有得到科学界广泛的采纳和认可，面对着很多的怀疑。研究者无法排除电磁辐射以外的其他的原因造成了儿童白血病发病率的增加：一个明显的事实是，高压线附近的居住区往往不会是富人区，都是些价格低廉的房屋，居住在这些区域里的儿童往往生活条件较差，各种疾病的发病率自然高于生活条件比较舒适的儿童。

不过，严谨地来说，高压电线和儿童患白血病的风险，两者之间的相关性是非常微弱的，并且也没有直接证据证明高压电线是罪魁祸首。通常情况下，由于各种保护设施，高压电线产生的辐射强度可以忽略不计，就和家用电器差不多。所以，高压电线并不会让儿童患白血病。如果看到网上各种高压电线辐射危害人身体健康的文章，这些只不过是一个个危言耸听的谣言罢了。

8.2.3 汽车会对冰淇淋过敏

如果说，对冰淇淋故事的真实性存疑的话，那么，接下来的这个案例就是一个发生在美国通用汽车的客户与该公司客服部的真实故事，这也是错把相关当因果而闹出的笑话。通过这个故事，我们更加能够认识到相关和因果之间的迷惑性。

有一天，美国通用汽车公司的庞帝雅克（Pontiac，是通用公司下属的汽车品牌）部门收到一封客户投诉信，上面写着这样的话：

为了同一件事，我这是第二次写信给你们。我不会怪你们为什么没有回信给我，因为我也觉得我有这样的想法，别人一定会认为我是个疯子，但是，我不得不说这的确是一个事实。

我们家有一个传统的习惯，就是每天吃完晚餐后，都会以冰淇淋当饭后甜点。由于冰淇淋的口味有很多，所以我们家每天都是在饭后才投票决定要吃哪一种口味，等大家决定好之后，我就会开车去买。但是，自从最近我买了一辆新的庞帝雅克后，在我去买冰淇淋的过程中，这个问题就发生了。

你知道吗？每当我买的冰淇淋是香草口味时，我从店里出来后，车子的发动就不顺畅。但如果我买的是其他口味，车子发动就顺得很。我要让你知道，我对这件事情是非常认真的，尽管这个问题听起来很猪头。但是，为什么这部庞帝雅克当我买了香草冰淇淋时，发动起来就显得卡壳；而我不管什么时候，买其他口味的冰淇淋，它就是一点问题都没有？为什么？为什么？

上面就是这封有意思的客户投诉信。当时，这封信在庞帝雅克部门的员工之间迅速传开了，大家都觉得不可思议，认为这封信是在天方夜谭，有人还有趣地进行调侃："汽车竟会对香草味的冰淇淋过敏？这封投诉信不会是从疯人院里寄出来的吧。""依我看，车没有问题，这个人到应该去看看心理医生。"……不过，即使许多部门员工对这封信觉得莫名奇妙，但是，庞帝雅克部门的负责人却是没有敷衍应付，而是专门派出一位严谨的技术人员前去调查，以便弄清实情。

当这位技术人员去访问寄出投诉信的客户时发现，这位客户并非同事所调侃的那般，相反，这位客户有着高学历和成功的事业。这位技术人员对于汽车"过敏"的问题，从心里就更加重视了起来。技术人员和投诉客户决定一起去体验一番，在吃完晚餐后，两人一起上了这辆庞帝雅克汽车去买香草冰淇淋。果然，两人从店里出来之后，汽车的发动变得不顺畅了。接下来的几天，技术人员和客户尝试了其他口味的冰淇淋，发现从店里出来后，汽车的发动没有任何问题。这位技术人员，由此也真正认识到了这位客户说的完全是事实，这辆汽车确实对香草冰淇淋"过敏"。

技术人员当然不相信是冰淇淋的口味导致了汽车过敏，决定找到隐藏在这背后的原因。他仔细记录了客户买冰淇淋的详细数据，例如，汽车经过的路线、使用汽油的种类、开出和开回以及停车所用的时间……根据记录的资料，他发现，客户在买香草冰淇淋的时候所花的时间比其他口味的明显要少。原来，香草冰淇淋销量高，商店都会摆在最前面的柜台，这样方便顾客第一时间看到和取到。

客户下车去买香草冰淇淋的时候，所花时间较短，之后再回到车上重新启动汽车。难道是汽车熄火到重新启动这个时间间隔短，导致了汽车发动时不够顺畅吗？技术人员凭借深厚的专业知识发现，汽车发动卡壳的问题果然出现在这里。原来是汽车的冷却系统存在问题，由于汽车熄火到再启动的时间间隔短，发动机散热不顺畅，从而导致再次发动时卡壳。而客户每次买香草冰淇淋的时间间隔都比买其他口味的冰淇淋要短，因此，每次买香草冰淇淋的时候，汽车发动机还来不及完全散热，汽车“过敏”也就不奇怪了。

之后，技术人员把汽车冷却系统的问题反馈给了高层，新的冷却系统解决了散热不顺畅的问题。从此，庞帝雅克部门的这款汽车对香草味冰淇淋再也不过敏了。这也告诉我们，当我们和这位投诉的客户一样，把相关关系当做因果关系时，就难免会变得有点荒谬。而从这位技术人员的处理过程来看，即使某种相关关系看起来是很肤浅的，并不能够成为因果关系，但是，只要进行深层次的分析，也能够发现背后隐藏的原因。

8.2.4 吃猪肉竟然能够防止自爆

猪肉，可以说是餐桌上最常见的肉类食品，在肉类当中价格实惠，处理也比较简单。要说到吃猪肉的好处，我相信许多人都能够列出一大堆，例如，蛋白质含量高、口感较好等。但是，如果要说吃猪肉能够防止自爆，这样的好处会不会让你瞠目结舌呢？

这个令人惊叹的结论还真不是凭空捏造的，而是某国的专家通过研究调查得到的。他们得到这个结论的推理过程非常简单，因为通过调查可以发现，自爆的人中高达90%以上不吃猪肉，从而证明吃猪肉能够防止自爆。

好了，对于上面这个让人哭笑不得的例子，我们暂且不用考虑它的真实性。从例子中可以看出，这些所谓专家的诡异逻辑：仅仅根据自爆的人中高达90%以上都不吃猪肉，就得出吃猪肉能够防止自爆的结论，这显然是强行将相关关系当成了因果关系，是不科学的。因为自爆的人中有高达90%的人不吃猪肉，这确实说明了自爆的人和不吃猪肉之间的相关程度较强。但是，吃猪肉能够防止自爆，这就是将吃猪肉这一行为当作了自爆概率更低的原因，这就是典型的因果关系。

类似的，将相关关系当作因果关系的例子还有很多。例如，有人认为打火机才是导致肺癌的原因，因为许多患肺癌的人身上都长时间带着打火机；有人认为穿着外套睡觉会导致头痛，因为他每次喝醉了都是没脱外套就睡了，第二天醒来果然头痛；有人认为应该限制冰淇淋的销量，因为冰淇淋卖得越多，儿童溺水的悲剧就越多……

不难发现，上面的这些例子都是就相关当因果。其实，如果细心的话，就能发现上面的例子中那些相关关系都仅仅只能说明两件事是在同步进行的，它们都是由某个根本原因造成的结果，并不是什么因果关系。例如，抽烟更容易导致肺癌，而那些抽烟的人身上总会带着打火机；喝醉了才会导致头痛，而没脱外套睡觉也是因为喝醉了造成的；天气热的时候儿童更容易下水，此时冰淇淋销量也更高……

第 9 章

预测子女的身高——回归分析

统计数据到底是为了什么呢？仅仅只是得到两个变量之间的相关系数，看看它们之间的相关程度如何？我们是不会就此满足的，更想直接通过统计数据，得到两个变量之间的准确关系，用数学式子将这种关系表示出来，从而能够对数据做出估计和预测。这就是统计里面的回归分析。

9.1 认识回归分析

在分析统计数据的时，相关性分析能够用来判断两个变量之间是否相关，而回归分析则能够帮助我们准确得到这种关系，而不仅仅只知道它们之间的相关程度。认识回归分析，能够进一步感受到统计学的魔力，看似一堆无用的数据，经过回归分析，就能够知道一个变量是如何依赖于另一个变量，并以此来对数据进行估计和预测。

9.1.1 什么是回归分析

相关和回归都是统计学里必不可少的经典内容，可是，如果说到什么是“回归”，它是怎么来的，许多人就对它知之甚少了。毕竟，“回归”这两个字比“相关”更难理解。在统计学里，回归分析说的是通过观测数据来建立变量间适当的依赖关系，以分析数据内在规律。回归分析的方法，早在 19 世纪就已经出现了。英国著名统计学家弗朗西斯·高尔顿（Francis Galton，1822—1911）是最先应用统计方法研究两个变量之间关系问题的人，“回归”这个词就是由他引入的。

我们都知道，父母的身高会对子女的身高造成影响，较高的父母往往子女也较高，而父母身高较矮的话，子女也很可能较矮。但是，这只能说明子女身高和父母身高是相关的。当时的高尔顿并不满足于这种直观的认识，他决定弄清楚父母身高和子女身高之间的具体关系，把所有的精力都用于这方面的研究，收集了许多对父母和子女的身高数据。由此，高尔顿就开始了最早的回归分析，即通过数据来研究两个变量之间的相互关系。

高尔顿发现，虽然表面上仍然是父母高子女就高、父母矮子女就矮。但是，平均起来看的话，只要给定了父母的身高，子女的身高都会有向总人口的平均身高靠拢或者回归的趋势。这也就是说，即使父母双亲的身高远高于总人口的平均身高，那么，他们的子女并非都是非常高的，而是有一种回归到总人口平均身高的趋势；反过来，即使父母双亲都非常矮，那么，他们的子女的身高并非和父母一样，也有一种回归到总人口平均身高的趋势。

根据高尔顿发现的这个结论就可以知道，如果父辈较高，那么，他们的子女的平均身高就会低于父辈，因为要向总人口的平均身高靠拢；同样的，如果父辈较矮，那么，子女的平均身高就会高于父辈。正是因为子女身高会向平均身高回归，因此，高尔顿就引入了“回归”这个词，这样的统计分析过程就叫做回归分析。

高尔顿的结论非常实用，只要我们知道了父母的身高，就可以用来预测他们子女将来的身高了。或者说，我们在街上找一对父母，测量他们的身高，即使没有见到他们的子女，也能够以此来估计他们子女的身高。当然，这里得到的子女身高只能说是平均意义上的，就像现实生活中，同一对父母的子女身高也有不同的。

不过，在回归分析的时候，我们还需要区分两个概念，那就是因变量和自变量。其实，通过它们的名字就能够理解，我们要来估计或者预测的那个变量就是因变量，另外的那个变量就是自变量。回归分析就是在研究因变量对自变量的依赖关系，根据自变量的值对因变量进行估计。例如，上面的例子中，子女的身高就是这个回归分析中的因变量，父母的身高就是其中的自变量，我们根据父母的身高从而对子女的身高做出预测或估计。

9.1.2 回归分析能做什么

从上面的例子中可以看出，回归分析就可以用父母的身高来预测或估计子女身高。回归分析的作用非常大，应用非常广泛。如果想研究两个变量之间是怎么相互影响的，或者想对某个值进行预测，就需要用到统计学里面的回归分析。

例如，某手机公司要推出一款新手机，其中市场部需要研究价格变动和手机销量之间的关系，从而来为产品设置更加合理的价位；而广告部需要研究广告投入和手机销量之间的关系，从而做出更加准确的广告预算；研发部分需要研究手机外形对于顾客体验的影响，从而让手机的用户能够更加满意……

可见，太多的地方都需要用到回归分析了。当然，上面只是回归分析的一些实际应用，那么，在理论上，回归分析主要是做些什么？或者说，利用回归分析，能够达到怎样的目的呢？

其一，在回归分析中，往往要从一组数据出发确定某些变量之间的关系表达式，这也是一个数学建模的过程。也就是说，回归分析可以帮助变量 X 和 Y 之间的关系表达式，这种表达式叫做回归方程。

例如，在高尔顿研究父母身高和子女身高之间关系时，他不局限于表面的浅显认识，通过分析收集到的各种身高数据，得到了父母身高和子女身高之间的关系式，这个关系式就是回归方程，能够准确衡量父母身高和子女身高的关系。

其二，相当于将第一点反过来。既然我们可以通过回归分析，从数据中得到变量之间的回归方程，那么，也能够利用回归分析对变量之间的关系式，即回归方程进行检验，看看它的可信度如何。

例如，刚刚学完回归分析的小明同学就迫不及待地想试一试，他收集了全班同学每天的课后学习时间和学习成绩，以此来进行回归分析，得到了一个关于课后学习时间和学习成绩的回归方程。如果你觉得小明的回归方程错了，你可以用回归分析的方法对小明的结果进行检验。

其三，判断变量之间有没有显著影响，挑选对因变量有影响的那些自变量。有时，我们发现有多个变量对另一个变量产生影响，利用回归分析就可以判断这些自变量对一个因变量的影响强度，从而找到影响明显的那些自变量，剔除影响不显著的变量，让回归分析得到的数学模型更加准确。

例如，了解某些特定濒危动物的主要栖息地特征，如降水、食物源、植被、天敌等，从而得到各方面因素对于该濒危动物的影响程度，并且知道哪些是关键因素。当我们获得这些信息，就能够为该濒危动物制定更好的保护措施。

其四，利用所求的回归方程进行预测或控制。这是回归分析的一个常见目的，体现了统计分析，从数据中发现规律，再用规律预测新数据的基本思想。如今，随着计算机软件技术的发展，回归分析的过程常常可以用计算机软件来高效完成，常用的软件如 SPSS、MATLAB 等。

得到回归方程之后，如果给定自变量，我们就可对因变量进行预测。例如，在高尔顿的回归分析中，如果知道了父母的身高，就能够对子女身高进行预测。反过来，如果为了达到给定的因变量，就能够对自变量进行准确把控。例如，如果我们知道了广告投入和商品销量之间的回归方程，那么，在给定商品销售目标之后，从这个回归方程就能得到广告投入的合适预算，从而让广告投入更加可控。

9.1.3 回归分析的主要步骤

9.1.2 节是回归分析的主要作用。那么，回归分析的完整过程又是怎样的呢？如果你认为只要计算得到回归方程就能够利用方程来进行计算预测值了，你就错了。得到回归方程，这只是回归分析当中的一个步骤。如果要让回归方程的预测有实际应用的价值，那么，回归分析的过程就必须按照下面五个步骤进行。

第一步：确定变量。在回归分析之前，我们必须要做的准备工作就是明确要研究哪些变量。在这里面，还有明确我们要预测的具体目标，这样也就确定了哪个变量是因变量，哪个变量是自变量。

例如，如果我们要预测的具体目标是孩子的学习成绩，那么，学习成绩就是因变量。另外，还应该尽可能地寻找与预测目标的相关影响因素，如孩子的学习时间、身体健康状况、玩游戏的时间等，这些都可以作为回归分析的自变量。当然，影响的因素可能有许多，就要从中选出主要的影响因素，如孩子的学习时间，这是影响孩子学习成绩的主要因素。

第二步：进行相关分析。一般来说，我们进行回归分析，研究的变量之间都是具有因果关系的，那些影响因素就是自变量，而受自变量影响的，即预测的对象，就是因变量。如果在回归分析中，自变量和因变量之间的相关程度不强，相关关系不明显，那么，即使得到了回归方程，也是没有预测价值的，预测得到的结果往往是错误的。

例如，我们通过统计到的历史数据，进行回归分析，得到了学生学习成绩和学生身高之间的回归方程，其中因变量是学生的学习成绩，如果给定了某个学生的身高数据，我们能够以此来估计这位同学的学习成绩吗？这显然是行不通的，这样做将会得到错误的预测结果。因为，学生的学习成绩和身高，是不相关或者相关程度极弱，这样即使得到了回归方程也没有意义。

因此，只有当自变量与因变量确实存在某种关系时，建立的回归方程才有意义。这就要求，在建立回归方程之前，一定要看看自变量和因变量，也就是影响因素和预测对象之间的相关程度如何，以及判断这种相关程度的把握性多大，这些都是不能避免的问题。在进行相关分析时，一般要求出相关关系，以相关系数的大小来判断自变量和因变量的相关的程度。通常来说，如果相关程度越强，也就是相关系数 r 的绝对值越大，那么，建立的回归方程将会越靠谱，预测的值也会更准确。

第三步：建立回归方程。经过前面的两步，如果确定自变量和因变量之间存在某种相关关系，那么，我们就可以根据收集的历史数据进行计算分析，在这些数据的基础上建立一个预测模型，即回归方程。这个步骤计算比较复杂，通常可以利用相关的计算机软件（SPSS、MATLAB 等）来完成。

第四步：检验回归方程。即使经过了前面三步，得到了自变量和因变量之间是相关的，并且建立了相应的回归方程。由于在回归分析中，我们得到的预测值往往与真实值存在一定的偏差，这是避免不了的问题。因此，在对因变量进行预测之前，我们还需要做的就是对这个回归方程进行检验，对预测的误差进行计算，这往往决定了这个回归方程是否具有实际应用的价值。

回归方程只有通过各种检验，且预测误差较小，才能作为预测模型进行预测，否则，我们得到的预测值将很容易与真实情况相差甚远。误差越小，就说明预测的结果越准确，建立的回归方程越精准。

第五步：计算预测值。经过了前面的四个步骤，说明得到的回归方程确实具有实际应用价值。这时，只要给定了自变量的值，就能够根据回归方程计算出因变量的值，也就是通过回归分析模型得到的预测值。通常，这个预测值很容易接近真实值。

从上面也可以看出，相关性分析是回归分析的基础和前提，回归分析则是相关性分析的深入和继续。通常，相关性分析都需要依靠回归分析来表现变量之间的具体关系，而回归分析则需要依靠相关性分析来表现变量之间的相关程度，并且，只有当变量之间存在高度相关时，进行回归分析寻求其相关的具体形式才有意义。另外，在进行相关性分析的时候，不用区分自变量和因变量，而在回归分析中则不然。

9.1.4 简单的一元线性回归

回归分析应用广泛，因此，具体的回归分析方法有许多种，这些不同的方法往往对应不同的场合。例如，按照涉及的变量的多少，回归分析可分为一元回归和多元回归分析；按照自变量和因变量之间的关系类型，回归分析可分为线性回归分析和非线性回归分析；而在线性回归分析中，按照因变量的多少，可分为简单回归分析和多重回归分析。如果在回归分析中，只包括一个自变量和一个因变量，并且它们之间的关系可用一条直线近似表示，这种回归分析称为一元线性回归分析；如果包括两个或两个以上的自变量，且自变量之间存在线性相关，则称为多重线性回归分析。

本节主要讲回归分析里最简单的一元线性回归分析，它往往是人们在学习回归分析时首选的回归分析方法。在回归分析的时候，如果我们的自变量只有一个，并且发现自变量和因变量之间的关系是线性的，就可以用一元线性回归的方法来进行分析，从而得到一个一元线性回归方程。并且，可以用一条直线来近似表示自变量和因变量之间的这种线性关系，这样的直线又叫做拟合直线。当然，还可以把这条直线看做是对各散点分布趋势的最佳模拟或者最佳匹配。

在一元线性回归分析中，如果因变量是 Y、自变量为 X，那么，得到的回归方程通常都是这种形式，即：

$$Y = a + bX$$

其中，a 表示截距，b 表示直线的倾斜程度，也就是斜率。显然，上面的等式就是直角坐标系中一条直线的表示形式，如图 9-1 所示，其中 a 表示直线与 Y 轴交点到原点的距离，b 就表示 Y 的变化量与 X 的变化量的比率，即直线的倾斜程度。

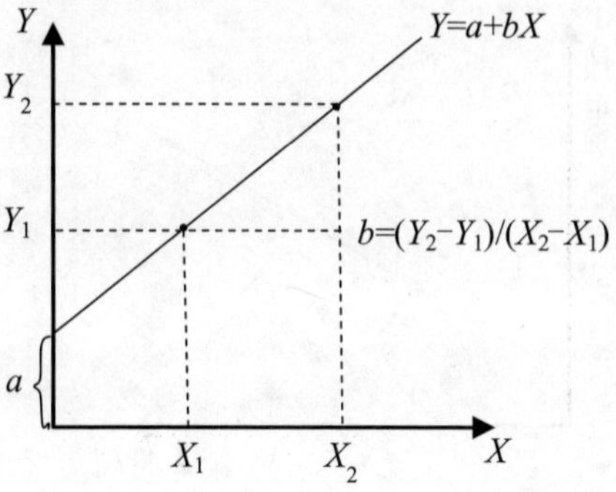

图 9-1 直线 $Y=a+bX$ 在坐标系中的表示

根据等式 $Y=a+bX$，可以通过给定的自变量 X 来预测因变量 Y 的值。当然，我们在进行一元回归分析的时候，就需要根据自变量 X 和因变量 Y 的历史统计数据，来得到截距 a、斜率 b 的具体值，然后代入到上面的等式当中，也就得到了自变量 X 和因变量 Y 之间的一元线性回归方程。

为了更加形象，我们可以用到散点图。根据散点图中各点的分布趋势，来直观地感受两个变量之间是否存在某种线性相关。如果变量 X 和变量 Y 之间存在一定的线性相关，那么，就能够用一元线性回归的方法进行分析，最后得到的拟合直线也可以在散点图中作出来。这里需要注意的是，绝大多数情况下，进行回归分析的两个变量之间并不是完全相关，因此，不可能让散点图中的各点都分布在拟合直线上。

如图 9-2 所示，由于人群的身高 X 和体重 Y 之间存在线性相关，我们对它们进行了回归分析，并且根据得到的回归方程作出了拟合直线。从图中就可以看出，身高和体重之间并不是完全的相关关系，也就是说它们之间的相关系数 r 的绝对值小于 1。这时几乎没有点分布在拟合直线上，得到拟合直线也是贯穿于各点之间。

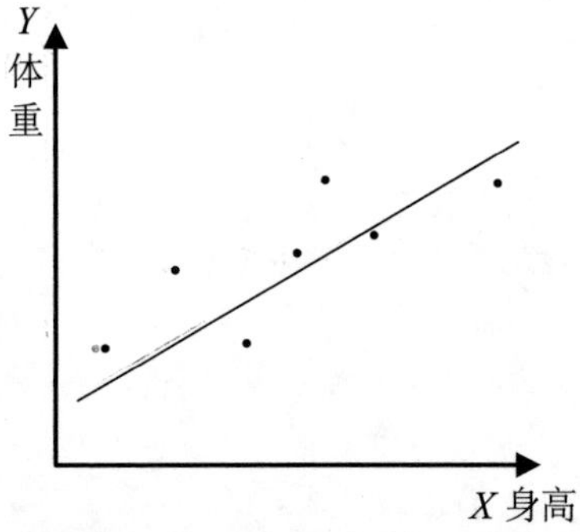

图 9-2　身高的体重的拟合直线

如图 9-3 所示，各点都分布在同一直线上，这表明图中变量 X 和变量 Y 之间是完全相关的，再看各点的分布趋势，可以得到相关系数 $r=-1$。此时，就能够对变量 X 和变量 Y 进行一元线性回归分析，根据得到的回归方程作出拟合直线，可以发现，最终各点都是分布在拟合直线上，完全线性相关，这种是理想情况下的结果。当然，如果散点图中只有两个点的话，那么，得到的拟合直线就是这两点的连线。不过，在实际应用中，对于这么少的数据进行回归分析是没有意义的。

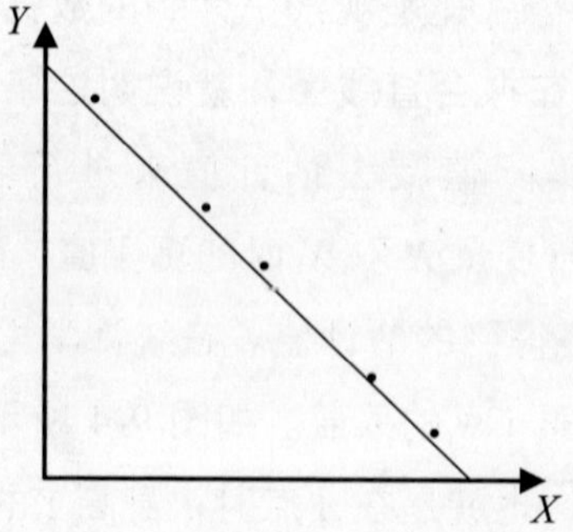

图 9-3 理想情形下的拟合直线

好了，上面都只是对一元线性回归的大致认识，那么，一元线性回归中，我们是如何分析自变量 X 和因变量 Y 的历史数据，得到回归方程 $Y = a + bX$ 呢？换句话说，我们是怎么得到方程中截距 a 和斜率 b 的具体数值呢？

这时需要用到最小二乘法，从各组数据中来确定截距 a 和斜率 b 的最终数值。那么什么是最小二乘法呢？最小二乘法也叫做最小平方法，它的一个主要作用就是用来进行曲线拟合。例如，给出了散点图，可以用最小二乘法来得到拟合曲线，专门用于解决各种回归分析问题。如果散点之间存在线性相关的话，这个拟合曲线就会是一条直线了。

对于最小二乘法，我们不得不先提到回归分析过程中的误差问题。在一元线性回归分析中，对散点图中的各点进行拟合，可以得到许多条用来拟合的直线，但是，为什么要选择一条作为最终的拟合直线呢？这就是因为用这条直线拟合得到的总误差是最小的。那么，这些误差体现在哪些方面呢？

我们都知道，在实际情况中，不可能让散点图中的各点都分布在拟合直线上，但是这些点都是观察统计到的数据，它们是实际值。这就说明只要某个点没在拟合直线上，就说明这条拟合直线在该点存在误差，误差可以用实际值减去估计值来进行表示，也就是 $e_i=Y_i-(a+bX_i)$，其中，Y_i是自变量 X 取 X_i 时的真实值，而 $a+bX_i$ 则是自变量 X 取 X_i 时，由拟合直线得到的估计值。在统计学里，我们又把这种误差叫做残差，用 e_i 表示第 i 点的残差。如图 9-4 所示，虚线表示的就是拟合曲线在 A 点的误差，也就是在 A 点时，身高 Y 的实际值减去直线上的估计值。

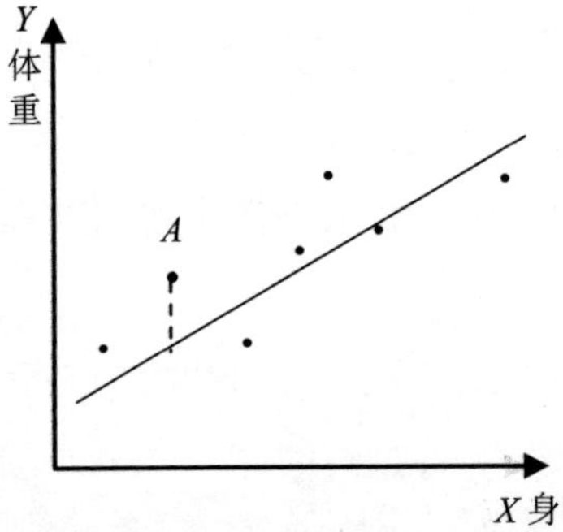

图 9-4　虚线表示拟合直线在 A 点的残差

再回到最小二乘法。有了残差的概率，对于最小二乘法就更好理解了。我们都知道，在进行一元线性回归分析时，往往是基于大量的历史统计数据。这就说明散点图中的点也有许多，每一点都会有自己的误差。在进行拟合时，不妨假设得到的拟合直线是 $Y=a+bX$，就可

以得到第 i 点，也就是自变量 $X=X_i$ 时的残差是：$e_i=Y_i-(a+bX_i)$。要想达到最好的拟合效果，就是要让各点的总误差达到最小。那么，什么是总误差呢？在最小二乘法里，用各点残差的平方和来表示总误差，也就得到：

$$\sum e_i^2 = \sum [Y_i - (a + bX_i)]^2$$

对于上面的式子，表示的是总误差，统计学中也把它称为误差函数。只有当误差函数的取值达到最小时，拟合的总误差才最小，才能得到回归方程。误差函数中 a 和 b 的值是未知量，也就是我们要求的量。显然，对于 a 和 b，取不同的值时，误差函数的值也不同，有的取值会让误差函数的值变大，这就意味着总误差在增加。相反，如果 a 和 b 的取值让式子的值变小，这就意味着总误差在变小，离最好的结果越来越近。总之，我们需要做的就是，找到能够让误差函数的值达到最小的 a 和 b。

对于如何得到 a 和 b 取什么值的时候，式子的值能够达到最小，这里面涉及到比较复杂的计算，就不再赘述了。在我们得到 a 和 b 的值之后，就能够直接写出相应的回归方程了。由于，a 表示直线的截距，b 表示直线的斜率，也就能够在散点图中作出相应的拟合直线了。

这时，你可能会有点不理解，我们所说的误差到底是怎么来的？还有，好奇而细心的你也会问，为什么要用残差的平方和来表示总误差，而不直接求和，就用 $\sum e_i$ 来表示总误差，这样不是更加简单吗？

对于误差，它的来源有许多种。我们很容易想到的，对于这些回归分析时用到的历史数据，在当初收集的时候，它就存在一定的偏差，许多情形下，数据都不可能完全和真实相吻合。例如，在测量身高的时候，总会有一个测量误差，只不过这些误差太小，被忽略掉了。当然，这是数据本身存在误差。

还有一个原因也会导致回归方程存在误差，那就是其他因素的影响。我们都知道，影响体重的绝对不止身高这一项，只不过身高只是影响体重的一个比较重要的因素。另外，能够影响体重的因素还有胖瘦程度、遗传基因、性别差异等。尤其是胖瘦程度，对体重的影响非常明显，有可能一个比较高但很瘦的人，其体重和一个比较矮但很胖的人一样。但是，如果这反映在体重的身高的散点图中，由于胖瘦程度造成的差异就体现不出来，对体重和身高的回归分析造成干扰，也就带来了误差。总之，回归方程只能解释一部分影响，而真实值包含了各方面因素的影响，由此，绝大多数情况下误差必定存在。

上面是关于回归方程，或拟合直线存在误差的原因分析，那么，为什么总误差要用残差平方和的形式来表示呢？我们再来看看残差的含义，它表示的是某点的真实值减去估计值。也就是说，如果某点在拟合直线的上方，如图 9-5 中的 *A* 点，那么，其真实值减去估计值就大于 0，也就是残差大于 0；反过来，如果某点在拟合直线的下方，如图 9-5 中的 *B* 点，那么，其真实值减去估计值就小于 0，也就是残差小于 0。

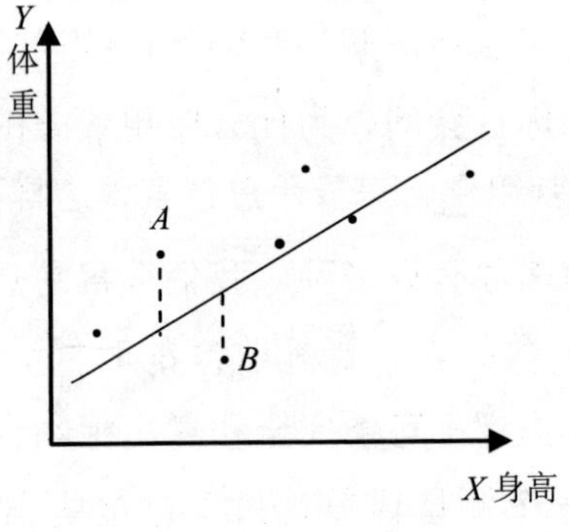

图 9-5　残差有正有负

再来看，不妨只考虑 A 点和 B 点，计算它们的总误差，如果直接用求和的方式，那么一个正数加上一个负数之后，就会正负抵消，得到的结果一定会变小，这就意味着总误差竟然比某一点的误差还要小。显然，这是荒谬的。正是为了防止这种情形出现，我们用残差平方和的形式来表示总误差。看到这里，有可能你又会多问一句，难道不能够用对各点残差的绝对值求和来表示总误差吗？这看起来是行得通的，但是，带上绝对值符合之后，计算起来会比求平方和更加复杂。

9.2　回归分析的应用实例

9.2.1　你能为公司制定广告预算吗

假如你现在是公司市场部经理，老板会在每年定下一个销售额目标，并要求你马上给他汇报公司全年需要的广告预算。当然，老板会根据你的分析来决定要不要批准你的预算。如表 9-1 所示为该公司过去几年的广告投入和销售额的相关数据。现在，老板要求今年的销售额要达到 14 百万元，请问，作为市场部经理的你，应该申请多少的广告预算，才能够说服老板批准，并且达到销售目标呢？

表 9-1　公司过去几年的广告投入和年销售额

（单位：百万元）

年广告投入	2	4	6
年 销 售 额	4	10	12

这里不妨进行一个实验，你可以先别急着进行回归分析，仅仅凭自己的感觉来进行直观分析，得到年广告投入和年销售额之间的关

系。不妨假设该公司的年广告投入用 X 表示，年销售额用 Y 表示，我想，许多人给出的答案会是：Y=2X，因为第一组数据（2,4）和第三组数据（6,12）都完美地验证了这一点，即使第二组数据（4,10）看起来也没有多大的出入。这时，得到的广告预算应该是 7 百万元。好了，如果这也是你的答案的话，我们先别下定论，进行回归分析之后再说。

根据表 9-1，可以按照下面的步骤进行回归分析，从而得到变量 X（年广告投入）和变量 Y（年销售额）之间的具体关系，从而做出比较合理的广告预算。

首先，先对公司广告投入和销售额进行相关性分析，判断它们之间是否具有一定的相关关系，从而可以确定接下来的回归分析是否有意义。由表 9-1 中的数据，根据皮尔逊相关系数的计算公式，就可以计算出变量 X（年广告投入）和变量 Y（年销售额）之间的相关系数 r，其中 n=3。

要计算变量 X 和变量 Y 之间的相关系数 r，我们可以先计算得到：

$$\sum X=12,\ \sum Y=26,\ \sum X^2=56,\ \sum Y^2=260,\ \sum XY=120$$

再把上面的结果和 n=3 代入相关系数 r 的计算公式，就可以得到：

$$r=\frac{n\sum XY-\sum X\sum Y}{\sqrt{\left[n\sum X^2-(\sum X)^2\right]\left[n\sum Y^2-(\sum Y)^2\right]}}=0.9608$$

也就是说，公司年广告投入和月平均销售额之间的相关系数是 0.9608，从这个结果也可以看出，它们之间的线性相关程度是极强的，几乎可以认为公司年广告投入和年销售额之间是完全相关的。这就说明变量 X（年广告投入）和变量 Y（年销售额）之间可以进行线性回归分析，分析得到的结果会有参考价值。

值得注意的是，我们仍然可以画出关于变量 X（年广告投入）和变量 Y（年销售额）之间的散点图，如图 9-6 所示。利用散点图可以看到，这三点之间几乎可以连成一条直线，这说明它们之间较强的相关程度，可以进行回归分析，并根据得到的回归方程来进行预测或控制。

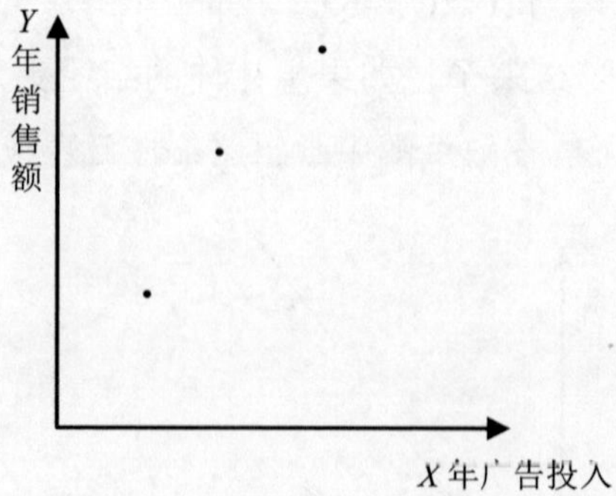

图 9-6 公司年广告投入和年销售额之间的散点图

其次，进行回归分析，得到回归方程。根据上面的结论，变量 X（年广告投入）和变量 Y（年销售额）之间具有很强的相关关系，可以进行线性回归分析。在这里，自变量为 X（年广告投入），因变量为 Y（年销售额），在给出了因变量 Y（年销售额）的值之后，需要对自变量 X（年广告投入）进行控制，也就是做出合适的广告预算。

由于是一元线性回归，因此，我们不妨先对回归方程进行假设，假设两个变量之间的回归方程是 $Y=a+bX$，其中 a 表示截距，b 表示斜率。a 和 b 都是未知数，第 i 点的误差 $e_i=Y_i-(a+bX_i)$。接下来就是计算 a 和 b 的值了，这里用到最小二乘法。用各点误差的平方和表示总误差，从而得到误差函数是：

$$\begin{aligned}\sum e_i^2 &= \sum (Y_i-(a+bX_i))^2 \\ &= (4-(a+2b))^2+(10-(a+4b))^2+(12-(a+6b))^2\end{aligned}$$

根据上面的误差函数，再用最小二乘法进行分析，得到的最终结果是：$a=2/3, b=2$，当 a 和 b 这样取值时，整个误差函数的值，也就是总误差达到了最小。因此，我们得到的关于变量 X（年广告投入）和变量 Y（年销售额）之间的回归方程是：$Y=2/3+2X$。

最后，根据回归方程计算广告预算。将 Y=14 代入到回归方程 Y=2/3+2X 中，计算得到 X=20/3=6.67，即今年的广告预算应该定为 667 万元。到这里就可以结束了，如果想让你的结论更加形象，从而更能够打动你的老板，可以在散点图中画出这条拟合直线，如图 9-7 所示。

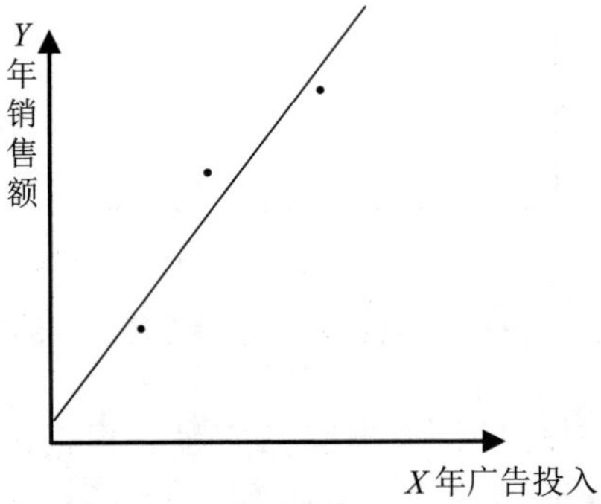

图 9-7　公司年广告投入和年销售额之间的拟合直线

还记得直观分析和回归分析之间的大战吗？前面通过直观分析得到的结果是：Y=2X，相应的广告预算是 700 万元，这和回归分析得到的结果还是有较大的出入。那么，我们怎么来比较两个结果当中孰优孰劣呢？这里，又得用到误差函数了。由于 X 和 Y 之间的关系式已经知道了，只要把相应的 a 和 b 的值代入到误差函数，就能得到各自的总误差了。

对于直观分析的结果 Y=2X，即 a=0,b=2，代入到误差函数，也就得到了 $\sum e_i^2 = 0+4+0=4$；对于回归分析得到的结果 Y=2/3+2X，即 a=2/3,b=2，代入到误差函数，也就得到了 $\sum e_i^2 = 4/9+16/9+4/9 = 24/9$。从这两个总误差结果来看，4 大于 24/9，也就说明了回归方程的总误差更小，得到的广告预算更加精准。

因此，对于老板来说，如果你仅仅用直观分析，建议他今年的广告预算最好是 700 万元，那么，要想征得老板的同意应该是比较困难的，这样你就别想着继续升职加薪了。而你如果用回归分析的方法，做成一个广告预算的分析报告交给老板，那么，恭喜你，这样的分析结果足以说服老板同意，你的工作成果也会被老板记住的。从这个对比中也可以看出，懂统计学的人都很善于用数据说话，不是凭自己的主观感觉，而是用统计方法进行理性分析，让别人心服口服。

9.2.2　你制定的预算准确吗

绝大多数情况下，在进行回归分析后，所得到的回归方程只能够近似地表达变量间的关系，这里面必定存在误差。相应的，画出的拟合直线也只是对各点分布的拟合和近似，必定有很多的点都没有落在直线上。那么，对于回归分析的结果，回归方程和拟合直线应该怎么来评判它们的拟合程度呢？例如，接着 9.2.1 节的故事，如果老板问你，你做的分析有多大的把握？准确程度怎样？你该怎么回复你的老板呢？

不用着急，你可能遇到的问题，在统计学里面早就已经被研究透了。为了能够定量地来表示回归方程和拟合直线的拟合程度，统计学里面还有一个专门的概念，它就是我们在第 8 章提到的决定系数 R^2（R 也可以用小写 r），也可以叫做是判定系数、拟合优度。它除了可以用来描述非线性或者有两个及两个以上自变量的相关关系，还可以用来判断回归方程的拟合程度。

决定系数的取值范围为 0～1，通常来说，如果取值越大，也就是值越接近 1，就说明回归方程的拟合程度越高，这个回归方程的参考价值越高，通过回归方程预测到的结果就会越准确；如果取值越小，也就是值越接近 0，就说明回归方程的拟合程度越低，这个回归方程的参考价值越低，通过回归方程预测到的结果偏差越大。

要了解决定系数的具体含义，要弄清楚决定系数是如何计算的，还必须先了解下面这三个概念：

（1）总偏差平方和（又称总平方和，简写为 SST）：是各点因变量的实际值（给定点的所有 Y）与各点因变量实际值的平均值（所有给定点的 Y 值的平均值）的差的平方和，反映了因变量 Y 取值的总体波动情况。SST 的计算公式如下，其中 $\overline{Y}$ 表示各点因变量实际值的平均值：

$$SST=\sum(Y_i-\overline{Y})^2$$

（2）回归平方和（简写为 SSR）：各点因变量的估计值（拟合直线上的 Y 值）与各点因变量实际值的均值（所有给定点的 Y 值的平均值）的差的平方和。由于自变量 X 的变化而引起因变量 Y 变化，因此，回归平方和反映了 Y 的总偏差（SST）中由于自变量 X 与因变量 Y 之间的线性关系而引起的因变量 Y 的变化部分，是能够用回归方程来解释的。SSR 的计算公式如下，其中 $\hat{Y}_i$ 表示第 i 点的因变量的估计值，$\overline{Y}$ 表示各点因变量实际值的平均值：

$$SSR=\sum(\hat{Y}_i-\overline{Y})^2$$

（3）残差平方和（又称误差平方和，简写为 SSE）：各点因变量的实际值（给定点的 Y 值）与估计值（拟合直线上的 Y 值）的差的平方和。它表示的是在 Y 的总偏差（SST）中，除了自变量 X 对因变量 Y 的线性影响之外，其他因素对因变量 Y 的影响作用，这部分是不能由回归方程来解释的，也就是回归方程的误差所在。这个概念的计算前面已经学习过了，它的计算公式是：

$$SSE=\sum(Y_i-\hat{Y}_i)^2$$

在了解上面三个不同的概念之后，要特别注意区分每个概念的计算公式。至于概念背后的含义，理解起来确实有点费劲。不过，我们可以拿上一个例子来解释。在我们对公司的年广告投入和年销售额进行回归分析时，由于自变量 X（年广告投入）和因变量 Y（年销售额）之间具有较明显的线性相关关系。因此，可以得到，自变量 X（年广告投入）变了，因变量 Y（年销售额）也会随之变化。我们就可以认为，在过去几年里，因变量 Y（年销售额）为什么会出现了差异，是因为受到了自变量 X（年广告投入）的影响。

但是，实际上对于因变量 Y（年销售额）的影响，还有许多其他的因素，例如商品包装改变、商品定价、统计误差等。因此，因变量 Y 的总偏差平方和（SST）也就包含了两部分，一部分是由自变量 X（年广告投入）引起的，也就是回归方程可以解释的偏差，即 SSR；另一部分是由其他因素引起的，也就是回归方程不能解释的偏差，即 SSE。总结起来，我们就可以得到 SST（总偏差平方和）、SSR（回归平方和）和 SSE（残差平方和）之间的关系：

$$\text{SST} = \text{SSR} + \text{SSE}$$

如今，我们算是弄清楚 SST、SSR、SSE 这三个不同的概念了，就能理解和计算决定系数了。在回归分析里，决定系数表示所得回归方程拟合程度的好坏，其实就是看看这个方程（即自变量 X 和因变量 Y 的这种关系）能够多大程度上反映 Y 值的变化，或者说，因变量 Y 值的变化在多大程度上是受到了它和自变量 X 这种线性关系的影响。因此，决定系数，其本质就是在 Y 的总偏差平方和中，由自变量 X 引起的回归平方和所占的比例有多大，它的计算公式也就是：

$$R^2 = \text{SSR} / \text{SST}$$

另外，由于 SSR=SST-SSE，因此，对于决定系数 R2，又可以用下面的公式进行计算：

$$R^2 = 1 - \text{SSE} / \text{SST}$$

由于 SST、SSR、SSE 的值不可能小于 0，因此，对于决定系数 R^2，它的取值范围就是 0 ~ 1，通常情况下，越接近 1，就说明自变量 X

和因变量 Y 之间的线性关系对 Y 值的影响越大，也就意味着回归方程的拟合程度越好。特别地，当所有的点都分布在拟合直线上面时，SSE=0，得到决定系数 $R^2=1$，意味着 Y 的变化 100%是由 X 的变化引起，没有受到其他因素的干扰，回归方程能够完全解释 Y 的变化。如果决定系数 R^2 特别低，往往说明自变量 X 和因变量 Y 之间可能不存在线性关系。

好了，现在回到公司年广告费和年销售额的例子中，前面我们计算得到了 SSE=24/9，因此，还需计算 SST 即可。通过计算得到，因变量 Y 各点取值的平均值是：26/3（(4+10+12)/3），接下来得到：

$$SST=(4-26/3)^2+(10-26/3)^2+(12-26/3)^2=304/9$$

因此，可以得到决定系数 $R2$ 的值是：

$$R^2=1-SSE/SST=1-(24/9)/(304/9)=92.1\%$$

从上面决定系数 R^2 的值来看，这次回归分析的拟合优度达到了 92.1%，可以说，拟合的效果非常不错。因此，你就可以有理有据地回复你的老板：我对这个广告预算结果有 92.1%的把握。你的老板一定觉得你是一个负责任的好员工。

9.2.3 下一次考试会不会挂科呢

在有些时候，我们要预测的并不像预测销售额、预测子女身高那般，预测值是连续的数字，而是某个具体的类别。例如，在考试前，总想着预测一下下次考试会不会挂科，预测结果无非就是挂科或不挂科；百无聊赖的时候，听到背后传来的脚步声，想猜猜这是美女还是帅哥，预测结果无非就是男性和女性；要去参加某些竞赛，总想预测一下会取得怎样的成绩，这时竞赛的一等奖、二等奖、三等奖、未获奖就是相应的类别。

遇到上面的情况，我们应该怎样进行分析，做出合理的预测呢？显然，这些因变量的取值不是连续的数字，而是分成不同的类别，如挂科和不挂科、男性和女性等，因此，必然不能够用一元线性回归的方法，而应该用逻辑回归的方法。这里，主要介绍在因变量是两个类别的二分类问题中，怎么进行逻辑回归分析，以此来预测因变量应该取哪个类别。例如，在给出考前学生的复习时间之后，利用逻辑回归分析来预测他会不会挂科。

某位同学统计了自己过去几次考试的数据，记录了每次考试的考前复习时间和考试结果，得到了表 9-2。为了方便起见，用 X 表示这位同学的考前复习时间，单位是小时，用 Y 表示这位同学的考试结果，其中用数字 1 表示这在同学没有挂科，用 0 表示这位同学挂科。如果在这次考试前，该同学准备复习 3 个小时，那么，其能否通过这次考试呢？

表 9-2　某同学考前复习时间和考试结果记录

（单位：小时）

X	0.50	0.75	1.00	1.25	1.50	1.75	1.75	2.00	2.25	2.50
Y	0	0	0	0	0	0	1	0	1	0
X	2.75	3.00	3.25	3.50	4.00	4.25	4.50	4.75	5.00	5.50
Y	1	0	1	0	1	1	1	1	1	1

从表 9-2 中可以看出，总体来说，这位同学在考试前的复习时间越长，尤其是达到了 4 个小时以上时，考试结果更多是不挂科；如果考前复习时间在 3 个小时左右，根据表中的数据可以看出，有可能不挂科；因为这位同学有复习时间低于 3 小时而不挂科的历史数据，同样也可根据表 9-2 中的历史数据得到，他也有可能挂科。

因此，对于这种预测类别的逻辑回归问题，鉴于概率的性质，我们不妨将对类别的预测转为对概率的计算。例如，在上面这个问题中，这位同学准备在考试前复习 3 个小时，那么，我们预测的结果无非就是挂科或不挂科。但是这样不方便计算，因此，不妨计算这位同学考前复习 3 小时后不挂科的概率有多大。当我们知道了这位同学不挂科的概率之后，也就能够做出大致的判断了。如果得到的概率很高，就说明这位同学极有可能不会挂科；反之，就说明这位同学极有可能挂科。

由于逻辑回归的计算过程比较复杂，这里就不再着重介绍其分析计算过程了，只讲讲它的基本思想，尤其是将对类别的估计转为对概率的计算。对于上面的问题，我们通过逻辑分析，得到的结果如表 9-3 所示。

表 9-3　考前复习时间和不挂科的概率

（单位：小时）

考前复习时间	1.00	2.00	3.00	4.00	5.00
不挂科概率	0.07	0.26	0.61	0.87	0.97

从表 9-3 中可以看出，如果这位同学在考前准备复习 3 个小时，那么，其通过考试，也就是不挂科的概率是 0.61，也就是说，这位同学有 61%的把握在这次考试中不挂科。在逻辑回归分析这，通常来说，如果事件的概率大于或者等于 0.5，我们就预测这种结果会出现；相反，如果事件的概率小于 0.5，我们就预测这种结果不会出现。

也可以这样说，在逻辑回归中，我们只取概率最大的那个结果作为预测值，如果只有两个分类结果，其中一个结果的概率大于 0.5，那么，它的概率一定是两者中最大的。因此，我们可以预测这同学通过考前 3 个小时的复习，在这次考试中不会挂科，因为不挂科的概率是 0.61，要大于另一个结果，即挂科发生的概率。

逻辑回归的应用也非常广泛，尤其是在如今的大数据时代，涌现出来各种各样的分类题，对于这些问题都需要用到逻辑回归的方法。例如，在医学研究领域，需要探索某种疾病的危险因素，根据危险因素来预测疾病是否发生，计算疾病发生的概率；在金融界，需要利用逻辑回归方法来预测贷款是否会违约，或在放贷之前估计贷款者未来是否会违约，以及违约的概率；在消费行业中，利用逻辑回归预测某个消费者是否会购买某个商品，是否会购买会员卡，从而进行更加精准的广告投放或者其他营销活动；在社交方面，利用逻辑回归方法可以构建邮件自动识别系统，邮件收件箱以此可以自动将新邮件分类为正常邮件和垃圾邮件等。

第 10 章

样本推断总体——统计推断

前面我们提到过，用样本估计总体，也说过样本能够用来估计总体。可是，样本是如何来估计总体的？根据样本的特点，可以得到关于总体的哪些结论？这些就是统计推断的基本内容。学习一些基本的统计推断方法，我们更能体会到“小样本”的大魔力。

10.1　小样本反映大问题

统计推断，它的核心思想很简单，就如“管中窥豹，可见一斑”。其中，这头豹子就是我们要研究的总体，只要一瞥，也就是分析总体中的一部分（样本），就能够得到这头豹子（总体）的基本情况。当然，在统计推断里，如何根据样本的性质来推断总体的性质，这里面形式多样，并且方法众多。下面只着重介绍几种常见的统计推断。

10.1.1　计算坦克总数的点估计

什么是点估计呢？对于这个新的概念，从没接触过统计学的人，可能一下子摸不着头脑，更有些人或许又因此而对统计学增加一丝厌恶，没有继续学习下去的欲望。其实，统计学里的点估计是一个非常实用的方法，它既可以应用于日常生活的小事，也可以用于战争这样的大事中。要想弄清它，我们不妨先来看看下面这个二战中的真实故事。

话说在二战时期，由于德军的坦克技术先进，坦克数量庞大，因此，德国坦克让包含英美两国在内的盟军都感到非常头痛。盟军要想对战德国的坦克部队，显然，就有必要摸清楚战争期间德军的坦克数量，从而进行更好的战略部署。那么，通过什么方法，盟军才能够估算出整个二战期间德军总共有多少辆坦克呢？

原来，德国人是十分墨守成规的，他们把坦克从 1 开始进行连续编号。因此，盟军就想利用这一点来对德国的坦克数量进行估计。在战争进行过程中，盟军在缴获一些德军的坦克之后，逐一记录了它们的编号，利用这些号码，盟军很快就知道了德军坦克的大致总数。盟军具体是怎么做到这点的呢？

我们知道，德国制造出来的坦克数量肯定远大于盟军缴获的德军坦克数量。由于德军坦克是从 1 开始编号的，最大的号码就能够表示德军的坦克数量，从而可以得到，所有德军坦克编号的平均数几乎相当于最大编号的一半。例如，假设德军编号是 1~99，德军坦克编号的平均数是 50，德军坦克总数就是最大编号数，即 99，显然，平均数几乎相当于德军坦克总数的一半。

在盟军缴获了一批带有编号的德军坦克，想到了一个聪明的办法。盟军也计算出了这些坦克（样本）编号的平均数，再将这个平均数乘以 2，得到的值也就是德军坦克大致的坦克总数了。果不其然，从战后发现的德军记录来看，盟军的估计值非常接近德军多生产坦克的真实记录。

看了上面的例子，是不是觉得盟军的做法很奇妙，不用花费很多工夫，就能够摸清楚德军的坦克总数。这正是运用了统计学里面的点估计，用样本的平均值（缴获坦克编号的平均值）来估计总体的平均值（德军所有坦克编号的平均值），从而进一步根据总体平均值（德军所有坦克编号的平均值）和总数（德军坦克数量）之间的关系，就得到了总数（德军坦克数量）的估计值。

在统计学里，点估计指的就是用样本的统计量来估计总体的某个特征。之所以叫做点估计，这是因为样本的统计量是一个数值，而得到的总体特征也是一个数值，它们都可以用点来表示，所以就叫做点估计了。在上面的例子中，我们依靠的是样本的平均值，估计的是总体的数量，因而是典型的点估计，当然得到的总体数量，也就是德军坦克总数只是一个估计值，并不是准确的真实值。

当然，上面的例子在点估计中还是非常简单的。对于点估计，由各种不同的估计方法，如矩估计法和最大似然估计法，这里面要牵扯到比较复杂的计算，本书不再赘述了。

点估计在现实生活中有什么作用呢？它的作用可大着呢，例如，我们要估计一批产品中的次品量，往往就是通过抽样得到样本的次品率；根据样本近似总体的统计原理，也就可以把样本次品率视为总体的次品率，然后根据产品的总数，也就得到了总体的次品数量；还有，用“捉鱼放鱼法”来估计鱼塘里面鱼的总数等。

10.1.2　更有把握的区间估计

说到了点估计，现在，我们知道点估计得到的结果往往是一个数值。就像上面的例子一样，盟军通过缴获的坦克就估计得到了德军的坦克总数。可是，就在盟军的计算得到了令人欣喜的结果之后，又从德军手里缴获了一批数量不少的坦克，这就让盟军的参谋部犯迷糊了。他们发现，把最新的统计数据加进去之后，仍然根据缴获坦克编号的平均数来估计德军坦克总数，得到结果和之前的估计值不同，两者之间有一定的差别。

那么，问题来了。这种差异的存在是不是说明点估计的结果出现了错误呢？盟军的参谋又应该怎样来处理这个问题，怎样用更好的方式来得到估计的结果呢？

对于第一个问题，其实是由各方面的误差造成的，毕竟在进行点估计的时候，我们是在用样本的统计量来估计总体的某些性质。因此，如果样本出现了不一致，例如，样本的量变大或者变小，这些都会导致最终得到的估算值出现不一致。显然，这种不一致并不是说明，估计得到的这两个坦克总数中有一个是错误的，它们都是当时情境下计算得到的合理的估计值。但是，毫无疑问的是，盟军的参谋会选择第二次的估计值，因为它是基于更大的样本得到的，和真实德军坦克总数的值更接近。

对于第二个问题，点估计总是避免不了会处于尴尬的境地，由于点估计得到的只是一个数值，人们往往对于点估计的近似程度难以把握。我们既然已经知道了点估计会不可避免地存在误差，那么，点估计存在的误差又该怎样来进行表示呢？对于误差，我们又怎样确保它处于一个可以控制的范围内呢？点估计的近似程度到底该怎样来进行衡量？

为了解决上述问题，人们在根据样本统计量估计总体的特征时，往往希望得到的不仅仅是一个具体的估计值，而是一个范围，同时也希望知道真实值落在这个估计范围内的可信程度。这就是区间估计的方法，它也是统计推断中的内容，区间估计得到的这个估计范围，通常都是在点估计的结果上分别加上和减去某一误差得到的。特别地，对于我们估计得到的区间，统计学中也称之为置信区间。其中，这个估计范围的最大值，也就是区间的上限，叫做置信上限；这个估计范围的最小值，也就是区间的下限，叫做置信下限。

例如，在前面例子中，盟军根据缴获的德军坦克来估计德军坦克总数，更加希望估计出德军坦克总数的某个范围，并且能够知道有多大的把握真实的德军坦克总数会在他们的估计之中，这就需要区间估计了。那么，盟军这样做有什么好处呢？

显而易见，由于盟军估计出的是一个数量范围，并且还用数字来衡量了相应的把握，那么，就可以在作战的时候，利用这个估计范围的下限和估计的可信程度来做出最保险的战略决策，而这些都是仅仅依靠点估计是完成不了的。如图 10-1 所示，点估计的结果 u，是靠近真实值 u 的一个点；区间估计的结果则是包含真实值 u 的一个区间，也就是置信区间，当然，这是在一定可信度下的估计结果。其中，区间的左端点就意味着置信下限，也就是点估计的值减去某一误差；区间的右端点就意味着置信上限，也就是点估计的值加上某一误差。

图 10-1　点估计和区间估计

好了，你可能又会问，在进行区间估计时，又怎么能够知道得到的置信区间，即估计的范围，一定包含了真实的准确值呢？显然，我们不能说得这么绝对，估计的区间也可能不包含真实值。这时，就需要理解什么是可信程度了，需要知道在统计学里怎样来衡量估计的结果是否可靠。

在统计学里，区间估计指的是，通过从总体中抽取的样本，根据一定的正确度与精确度的要求，构造出适当的区间，用来作为对总体某项特征的估计范围。这里，我们还需要理解一个概念，那就是置信水平，它是专门用来描述估计结果的可信程度，即可靠程度。

通常，我们进行的区间估计都是在规定的某个置信水平下进行的。置信水平往往就代表了你希望估计结果有怎样的可靠程度，一般用 $1-\alpha$ 表示，它的含义就是有 $1-\alpha$ 的概率，在得到的估计区间中，包含着实际的真实值。而 α 则表示显著性水平，它指的是真实值不落在置信区间内的概率。

例如，如果盟军通过区间估计得到了德军坦克总数的置信区间，也就是估计范围，其中，置信水平是 0.9，也就得到显著性水平是 0.1。这就意味着有 90%的概率德军的坦克总数确实包含在了盟军的置信区间（估计范围）中。换句话说，也就是有 10%的可能，盟军的没能对德军坦克总数做出准确估计，德军的坦克总数并没有在这个置信区间内。

上面说的，你可能会觉得概率难以琢磨，不过，根据大数定律可以这样来说，如果盟军断断续续缴获了德军 100 批相同数量的坦克，每一批坦克都可以看作是容量相同的样本，盟军根据这些样本分别进行了区间估计，规定置信水平都是 90%，那么，盟军也就得到了 100 个置信区间。这 100 个置信区间中会有 90 个左右的区间包含了德军坦克的真实总数，而另外 10 个左右的区间就不含真实的德军坦克总数。

为什么要强调置信水平都得是一样的？为什么样本容量要是相同的？因为对同一总体的某一特征进行区间估计时，不仅样本容量的不同会导致得到的估计范围，也就是置信区间不同，置信水平的不同的也会导致这种差别。通常来说，置信区间越窄，也就是估计的范围越小，就表示估计的精度越高；置信区间越宽，也就是估计的范围越大，就表示估计的精度越低。如果我们提高置信水平的话，在样本容量一定的前提下，势必会导致置信区间变宽，也就是估计的精度降低。

其实，不难理解，如果根据现有的样本来进行区间估计，一方面，我们希望估计的范围能够尽可能地包含真实值，由于样本的容量不会增加，就必须增加估计的范围；另一方面，我们又希望让估计的结果的精度更高，同样由于样本的容量不会增加，就必须缩小估计的范围。这就好比盟军的参谋想着保险一点，让德军坦克的真实总数尽可能地包含在自己的估计范围内，让估计的结果把握更大，那么，此时的置信水平显然是很高的，但是由于估计的范围过大，也就损失了估计结果的精度。

因此，盟军既想让估计的结果尽可能包含德军坦克总数的真实值（置信水平高），又要想让估计的结果精度更高、范围更小（置信区间短），那么，盟军的最好做法就是尽可能多地缴获一些德军的坦克，增加样本的容量。

显然，当用样本来推断总体时，如果对于估计的结果要求比较详细，希望能够让误差控制在我们所掌握的范围之内，那么，区间估计就比点估计要好得多；而点估计仅仅只是得到一个估计值，计算更加简便，因而在对估计结果要求不高的时候，不失为非常好的方法。

需要注意的是，置信区间如果过宽，即使置信水平较高，我们的估计更有把握，但是也可能毫无实际应用的价值。例如，你估计某个班级的平均分，计分是 0 ~ 100，这时，如果你估计的置信区间就是 0 ~ 100，显然，这个置信区间的置信水平是 100%，因为全班同学的平均分一定在 0 ~ 100，但是这个估计毫无实际应用的意义。

10.1.3 鉴别真假的假设检验

既然已经提到了统计推断里的区间估计，那么，我们有必要说说统计学里面的假设检验。在统计学里，假设检验是一个比较大的知识点。我们回到前面盟军估算德军坦克总数的例子，盟军的参谋不知道用什么方法，估计得到了德军坦克数量是 X。可是，一些学过统计学的专家们对于参谋们得到的结果表示怀疑，但是，单纯表示怀疑毫无说服力，所以，他们决定先假设参谋们得到的结果是对的，即德军坦克总数为 X，然后根据这个假设，抽取一些德军坦克的编号作为样本，利用统计学的原理来检验刚刚的假设（德军坦克总数为 X）是否成立。这就是假设检验的全过程。

统计学里面的假设检验和前面的点估计、区间估计有类似的地方，都是根据样本来推断总体。只不过两者不同的是，假设检验有一个前提性的假设，并且有样本推断的结论是用来验证假设是否成立。在上面的假设检验的例子中，显而易见，专家们这样做的好处就是，如果参谋们在估计的时候出现了某些错误，那么，通过专家们的假设检验就能够发现这些错误，从而能够确定参谋们得到的估计值是不是合理的。

假设检验，作为统计学里非常基础的内容，它的应用非常广泛，即便是没听说过这个词、从来没有学过统计学的人，也在日常生活中不知不觉地应用了假设检验。例如，我们在买水果的时候，就会用到假设检验；警察在侦查某一案件时，也要用到假设检验；甚至，当我们在用新的方法减肥时，这也可以看作是一种假设检验。

那么，假设检验的具体步骤如何？它又利用了什么原理呢？我们可以从买桔子的例子看看假设检验的具体步骤，并且分析它的原理。

你看到路边的小摊上有一位大叔在卖桔子，大叔向你吆喝着："我的桔子绝大多数都很甜。"你正想着买点水果，听到大叔的吆喝之后，就过来瞧一瞧。客气的大叔告诉你："随便尝尝，不甜不要钱！"这个时候你很想知道桔子到底甜不甜，再决定买不买。由此，你的假设检验就开始了：

首先，你进行了两个假设，分别是假设 H0 和假设 H1，其中，假设 H0：绝大多数桔子是甜的；假设 H1：并非绝大多数桔子是甜的。通常，H0 叫做原假设或者零假设，意思就是那个接受检验的假设，而 H1 则是，备择假设或者替代假设，意思就是当原假设被否定时另一种可成立的假设。这两个假设是相互对立的，在任何情况下必定只有一个能够成立。如果接受 H0 就必须拒绝 H1；拒绝 H0 就必须接受 H1。

接着，机智的你从大叔卖的所有桔子（总体）当中随机选择一个桔子（样本），便准备用样本来推断总体。你尝了尝这个桔子（样本）之后，如果这个桔子很甜，也就说明假设 H0 是正确的，因此，接受假设 H0 而拒绝假设 H1；反之，如果桔子不甜，也就说明假设 H0 是错误的，因此，拒绝假设 H0 而接受假设 H1。

果然不妙，你发现尝鲜的那个桔子一点都不甜，于是你便拒绝了假设 H0 而接受了假设 H1，觉得大叔在忽悠自己，便离开了。这时，大叔觉得不理解，我说的是大多数桔子很甜啊，你尝到一个不甜的桔子也有可能的，为什么就不相信我说的话了呢？你可能也会和大叔一样，为什么只要尝的这个桔子不是甜的，就能够否定假设 H0（大多数桔子是甜的）呢？

这是因为，卖桔子的大叔说了他的桔子绝大多数都是甜的，不妨按照大叔的意思，他的桔子95%都是甜的。那么，这意味着什么呢？这意味着你从中随机尝到一个不甜的桔子的概率就是：5%（1–95%），这明显是一个小概率事件。你第一次尝到的这个桔子正是不甜的，也就是这个小概率事件发生了。再根据统计学里的小概率原理，发生概率很小的随机事件在一次试验中几乎不可能发生，因此，我们就能够认为大叔在说谎，我们的假设 H0 是错误的，这些桔子并非绝大多数都是甜的，即接受假设 H1。

在上面假设检验的过程中，如果你细心的话就会发现，也有一定的几率是真的错怪了卖桔子的这位大叔。真如大叔所说的那样，他的桔子中绝大多数（95%以上）都是甜的，而你那天有点倒霉，尝到的恰好是一个不甜的桔子，这小概率事件就真的让你给撞上了。显然，这是有可能发生的，它发生的概率就是我们一次就尝到不甜的桔子的概率，即5%（1–95%）。也就是说，在这次假设检验中，有5%的概率，我们的假设H0是正确的，而我们的检验确认为H0是错误的。在统计学里，我们就把这样的概率叫做这次假设检验的显著性水平，用 α 表示，即有 α 的可能，做出的原假设本来是正确的，而检验的结果却错误地否定了原假设。

对于上面这种错误的发生，在统计学里，还只是假设检验中可能发生的第一类错误，即弃真错误，顾名思义，就是原假设 H0 本来是对的，可是却被错误地抛弃了。在假设检验中，还有可能出现第二类错误，也就是原假设 H0 实际是错的，可是检验的结果却认为它是对的。这类错误也叫做取伪错误。对于犯这类错误的概率，统计学里面一般都用 β 来表示。

例如，那位卖桔子的大叔本来就是一位玩套路的高手，他将甜的桔子和不甜的混在一起，再忽悠路人他卖的都是甜桔子，可是，你在买桔子之前并不知道实情，拿了一个桔子尝尝鲜，你发现这个桔子是甜的，就误以为假设 H0 是成立的，认为大叔卖的桔子绝大多数都是甜的。显然，你的假设检验出现了错误，被大叔成功地忽悠了。这就是第二类错误，即取伪错误。

因此，我们在进行假设检验的时候，为了提高鉴别假设真假的能力，就必须尽可能地减少犯这两类错误的概率，也就是尽量让显著性水平 α 和 β 的值尽可能的接近于 0，当然，我们不可能让它们的值都为 0。通常来说，在同一假设检验中，这两类错误有相反的关系。也就是说，如果减小 α，就必定会引起 β 增大；反之，如果减少 β，就必定会引起 α 增大。

10.2　统计推断的实战案例

10.2.1　你能估算鱼塘里面鱼的总数吗

在江南水乡，许多农户都有鱼塘养鱼的习惯。往往在春季，往自己家的鱼塘里面撒上各种各样的鱼苗，等到春节前夕就是丰收的时刻了。但是，主人家放的鱼苗并不一定都能够成活，偶尔也会在鱼塘里面捕鱼，那么，鱼塘里面现在到底还有多少鱼呢?

主人家通常就会用捉鱼和放鱼的方法来进行估算，而且这种估算的准确度还可以。例如，主人家先从鱼塘里面捕到 100 条鱼，无论鱼的大小和种类，鱼都做好特殊的防水标记，注意不要把鱼弄伤了。接着，把这些做好标记的 100 条鱼放回原来的鱼塘，等到过几天后，再从鱼塘里面捕鱼，这次捕鱼的数量要大些，从鱼塘里面捕捞出 400 条鱼。然后，主人家根据这次捕捞到的 400 条鱼里面有标记的比例，就能够估计得到整个鱼塘里面鱼的数量有多少。

可能有许多人会问，这样做真的靠谱吗？其实，上面这种方法的依据正是统计学里面的简单随机抽样。我们可以看到，整个过程中一共有两次捕鱼，这两次捕鱼都可以认为是对鱼塘里面所有鱼的简单随机抽样。这两次捕鱼的事件间隔只有几天，可以认为两次捕捞时鱼塘里面鱼的总数仍然是不变的，并且可以认为鱼塘里面的鱼都是均匀分布的。再来看，由于时间的间隔，所以到了第二次捕鱼的时候，第一次标记的那些鱼也都已经均匀地分布在鱼塘里面了，不管鱼的身上有没有标记，它被捕到的概率都是一致的。因此，这两次捕捞都可以认为是简单随机抽样。

既然都是简单随机抽样，那么，通过怎样的计算步骤才能够得到估算的结果呢？鉴于样本能够反映总体的统计原理，因此，我们就可以利用统计推断里面的一个基本方法，也就是点估计，根据样本的统计量来得到总体的特征，也就是鱼塘里面鱼的总数。

假设主人家第二次捕到的 400 条鱼里面有 40 条鱼都是有标记的。我们就知道，在第二次捕鱼得到的样本里面，有标记的鱼占的比例就是 40/400，也就是 1/10。然而，我们第一次捕鱼得到 100 条鱼都是做了标记之后放回鱼塘的，也就说明第二次捕鱼时，鱼塘里面做好标记的鱼一共有 100 条。由于样本能够反映总体，就可以用样本来估计总体，所以这 100 条鱼就占了鱼塘里面所有鱼的 1/10，这样，我们也就能够估算出这个鱼塘里面一共有：1000（100÷(1/10)）条。这个数字应该是一个合理的估算值。

更进一步，我们可以用字母来表示这个估算过程。不妨假设池塘里面鱼的总数是 n 条，我们第一次捕鱼之后，给 n 条鱼做上了标记，然后放回鱼塘；过了几天，第二次捕捞到了 p 条鱼，其中有 q 条鱼是有标记的。现在要做的就是估算 n 的值是多少。

由于这两次捕鱼都是简单随机抽样，所以就可以用样本来估计总体。对于总体而言，有标记的鱼所占的比例是：m/n，对于样本，也就是第二次捕鱼得到的，有标记的鱼所占的比例就是：q/p。显然，这两个比例是大致相等的，所以我们就能够得到下面这个式子：$m/n=q/p$，通过变形就能得到：$n=mp/q$，这个数就是池塘里面鱼的总数的估计值。

所以，点估计的方法看起来十分简单，其实，它应用的具体形式却各不相同。需要注意的是，此时得到的鱼塘里面鱼的总数，通常是有一定误差的，它不是准确值。当然，很多时候，我们所追求的结果就只要是一个比较合理的估计值即可，不一定非得准确值，在这个案例中就是如此。

10.2.2 估计香烟中尼古丁的含量

前面已经了解置信区间的基本含义，但是，如何计算置信区间还不知道具体的步骤，也还没接触到实战的例子。这里就先讲讲求置信区间的基本步骤，然后再根据一个例子来求出相应的置信区间。

不妨假设我们要估算的是总体的均值，用的是区间估计的方法，那么，求置信区间的步骤就是下面这三步。

第一步，从总体中正确地抽取样本，并且得到样本的均值。

第二步，计算抽样的误差。通常，我们都认为，如果样本容量为100时，抽样误差就是±10%；样本容量为500时，抽样误差为±5%；样本容量为1200时，抽样误差为±3%。这些都是经过统计分析的经验得到的。

第三步，用第一步求出的样本均值分别加、减计算得到的抽样误差，从而也就得到了置信区间的两个端点。其中，置信上限就是样本均值加上抽样误差，而置信下限则是样本均值减去抽样误差。

接下来，可以用区间估计的方法来计算一批香烟中尼古丁的含量。

在某卷烟厂中，需要对一批香烟的尼古丁含量进行检测，如果尼古丁含量过高，就要禁止上市。质检人员从这一批香烟当中随机抽取了12支，测得它们的尼古丁含量（单位：mg）分别为28、26、27、30、29、22、24、25、31、28、27和23。那么，在95%的置信水平下，这一批香烟中尼古丁的含量是多少呢？

第一步，这12支香烟作为总体的样本，我们可以计算它们的均值，也就是这12支香烟平均的尼古丁含量，计算得到26.667mg。

第二步，计算抽样的误差。由于计算过程比较复杂，并且涉及到正态分布，因此，这里的计算过程就忽略了。我们得到，在95%的置信水平下，抽样的误差是±0.006mg。

第三步，得到置信区间。根据前面计算的样本均值和抽样误差，就能够来估计总体的均值了，计算得到总体的均值应该在26.661和26.667之间，其中，置信水平为95%。也就是说，有95%的概率，这一批香烟尼古丁的平均含量应该在26.661和26.667之间。

10.2.3　假设检验——女士品茶

一说到统计学的假设检验，我们无法忘记的一个经典案例就是女士品茶，虽然这个案例已经非常遥远，但是其中体现的统计学思想却还如一杯新茶一样，让人觉得回味无穷。

这个故事最早出现在统计学家 Fisher 教授发表于 1935 年的著作《The Design of Experiment》中，被用来描述统计学中的假设检验。根据作者的描述，那是 20 世纪 20 年代，一个在剑桥夏日的午后，一群大学的绅士和他们的夫人们，正围坐在英国剑桥户外的桌旁享用着下午茶。在品茶过程中，有一位女士声称自己在喝英式茶的时候能区分出来是先倒的茶还是先倒的奶。于是，Fisher 教授就打算设计一个实验来验证这位女士是否真的如此天赋异禀，具备这样的品奶茶能力。

常识告诉我们，如果想得到有意义的结论，就应该随机给女士几杯茶让她鉴别一番，根据她答对的次数（或者答对的比例）来判断她是否有这个能力。可是问题是，要做多少次实验呢？又怎么来分析实验得到的结果呢？Fisher 教授给出了他设计的实验思路：

首先，Fisher 教授调配出了 8 杯其他条件一模一样而仅仅是倒茶倒奶顺序相反的茶，其中 4 杯先倒奶、4 杯先倒茶。然后，他让女士品尝逐一品尝这 8 杯茶，之后再告诉他，哪 4 杯是先倒奶，那么剩下的 4 杯，自然也就被女士认为是先倒茶。

分析实验结果的时候，Fisher 教授的思路就是假设检验的基本思路：

他先假设女士没有这个能力，这个假设也就是假设检验中的原假设。如果女士完全鉴别出来了这 8 杯茶，那么，对于原假说而言，这是发生了小概率事件，因此，我们就可以认为原假设并不成立，也就是认为这位女士有鉴别能力。

这时，可能你会觉得这位教授的要求过于严苛，如果这位女士能够品出 6 杯茶呢，那么，是不是也能够认为她有这种鉴别能力？

我们根据教授的原假设 H0：女士没有这样的能力。也就是说，在原假设的前提下，我们认为女士根本就是在毫无依据地瞎猜。女士如果完全鉴别出这 8 杯茶，就相当于一个袋子里放了 8 个球，黑白各 4 个，不放回地随机抽取 4 个球，这 4 个球都是白球的概率。因为女士从 8 杯茶中，鉴别出 4 杯先倒奶的茶，剩下的也就不用鉴定了，因此和这个袋子模型一样。

类似的，我们就可以得到，在原假设 H0 成立的前提下，女士品出 6 杯茶的概率，就等同于从袋子中不放回地随机抽取 3 个球都是白球的概率。经过计算，我们可以得到，从袋子中不放回地随机抽取 3 个球都是白球的概率是 17/70。这也就说明了，在原假设成立的前提下，有 17/70 的概率，这位女士能够鉴别出 6 杯茶。然而，17/70 要大于 1/5，这显然还不能够算得上是小概率，通常，小概率事件的发生概率都要低于 5%。因而，即使这位女士能够鉴别这 8 杯茶中的 6 杯，那么，也不能够以此为依据来拒绝原假设，而认为女士具有鉴别能力。

因此，Fisher 教授坚持只有在女士把 8 杯茶都鉴别出来的情况下，才会认为她有这个能力，这是非常有道理的。